书山有路勤为径，优质资源伴你行
注册世纪波学院会员，享精品图书增值服务

好课像大片

一门课，一个亿

夏晋宇·著

电子工业出版社
Publishing House of Electronics Industry
北京·BEIJING

未经许可，不得以任何方式复制或抄袭本书之部分或全部内容。
版权所有，侵权必究。

图书在版编目（CIP）数据

好课像大片：一门课，一个亿 / 夏晋宇著. —北京：电子工业出版社，2024.5
ISBN 978-7-121-47813-0

Ⅰ.①好… Ⅱ.①夏… Ⅲ.①职业培训—师资培养 Ⅳ.①C975

中国国家版本馆CIP数据核字（2024）第091757号

责任编辑：杨洪军
印　　刷：三河市良远印务有限公司
装　　订：三河市良远印务有限公司
出版发行：电子工业出版社
　　　　　北京市海淀区万寿路173信箱　邮编100036
开　　本：720×1000　1/16　印张：15.75　字数：277.2千字
版　　次：2024年5月第1版
印　　次：2025年9月第21次印刷
定　　价：69.00元

凡所购买电子工业出版社图书有缺损问题，请向购买书店调换。若书店售缺，请与本社发行部联系，联系及邮购电话：（010）88254888，88258888。
质量投诉请发邮件至zlts@phei.com.cn，盗版侵权举报请发邮件至dbqq@phei.com.cn。
本书咨询联系方式：（010）88254199，sjb@phei.com.cn。

序一

非常荣幸能在第一时间，看到夏晋宇老师的新书。十年前，他还在行动教育担任教研副总裁的时候，出版了一本为商业讲师打造的图书——《大师是怎样炼成的》，总结了他多年的工作经验，赢得了读者的广泛赞誉。经过十年时间的沉淀和积累，夏老师提炼并研发了很多新的理念和方法，形成了今天这本书——《好课像大片》。

好课如大片。一部大片能给观众带来极大的震撼，一堂好课也能带来认知升华，思维升级，深深地影响他人。要打造一部大片，策划、编剧、导演、发行缺一不可，每个环节都要做到出类拔萃，才能赢得市场青睐。同样打造一堂好课，课程准备、课程内容、课程演绎和课程销售环节都要足够优秀，才能取得成功。要做到这些，需要在讲课前进行专业、充分的策划和设计。《孙子兵法》讲先为不可胜，以待敌之可胜。只有做好了准备，才能致人而不致于人。不仅如此，每次讲完课后，还要进行总结复盘和迭代升级，确保能持续解决客户问题，满足客户需求，赢得客户长期信赖。我从2001年开始讲"浓缩EMBA"（当时叫"赢利模式"），到现在已讲了500多期，整体产值超过50亿元，就是采用了这个方法。

夏老师总结的好课三大标准非常精彩。第一，讲不同，是指要找到差异化的课程价值。现在学员有非常多接触知识的渠道，如果没有独特的方法论，是很难在市场上立足的。与其更优，不如不同，要找到不同，就要找到学员的痛点、卡点，洞察他们所犯的错误，讲他们不知道的内容。再从这些点出发，找到独树一帜的课程定位。

第二，讲深刻，就是要讲深知识。如果人云亦云，浅尝辄止，没有深刻的洞察和见解，是很难打动学员的。要在一个领域深入研究，抓本质，抓规律，找到事物的第一性原理。要做到讲深刻，就要强针对。针对学员的痛点、卡点，找到最关键的地方，抓住主要矛盾，讲深讲透。如果抓不住主要矛盾，就会制造出很多新的矛盾。

第三，讲一招，就是取一舍九。三流选手花拳绣腿，一流高手一招制胜。企业所有的动作都是成本，少则得，多则惑，越简单，越有效。要做到讲一招，并不容易，需要我们能够站高一线，全局思维，知十舍九，最后才能取一，达到一以贯之、一招制敌、一剑封喉的效果。

这本书有很大的创新性，在课程打造理论方面走在了时代前列。习近平总书记在2023年9月提出的新质生产力，其核心就是要以创新为主导，实现高质量发展。这种情况下，我们急需新的理论和方法，去抢占和引领行业制高点，形成行业前沿思维。随着未来中华民族伟大复兴，东方智慧将走向全球并影响全球，夏老师作为一位杰出的践行者和推动者，十年如一日，专注于名师课程打造，未来一定会走向世界，成为一名世界级的课程设计专家。

这本书也具有很强的实用性，能够帮助众多的知识工作者、教育工作者、咨询工作者，并成为他们很好的学习书籍和落地工具。同时，这本书也能为商学教育者和企业管理者带来思考，让他们刷新认知，提升理论高度。愿每位读者在阅读这本书的过程中，都能收获智慧和成长，打造出属于自己的好课，拍摄出自己的大片。我们期待夏老师能够在这个领域继续探索和实践，写出更多优秀作品。

行动教育董事长　李践

序二

如果有人问，迄今为止在企业培训领域哪个人对我的影响最大？那我一定会毫不犹豫地说，夏晋宇老师！

在我结识夏老师之前，一亿中流刚刚踏入企业培训行业。虽然我算得上是企业战略咨询服务领域的"老兵"，从业18年间服务的企业无数，并一手创立了一亿中流，自认为满肚子都是实操案例和实战经验，但在企业培训领域，一亿中流和我都是一个"新兵"。

为了将一亿中流的实战服务方式更快更广地传播，2018年我们成立了一亿中流战略研究院板块。初生牛犊不怕虎，很长时间里，我认为只要肚子里有干货，怎么讲都无所谓，深者听深，浅者听浅！然而现实情况是，并没有那么多人买账。"高维战略"这门课的很多听众，对我的硬货干货消化不良。我不断变换着方法讲课，但学员对课堂效果的反应依然是"不明觉厉"。费了九牛二虎之力组织的一场培训，反馈平平，这让我苦恼不已！

把一堂课讲好，真的很难！

永远不要埋怨你的学生，他们听不明白，只能归因于你讲得不清楚！

机缘巧合，有朋友给我推荐了夏老师的《大师是怎样炼成的》。当我看到书名时，开始本能地抵触"大师"这样的称号，但耐心地翻开阅览后，我一下子就沉浸了进去！我内心的种种困扰，在书中全找到了答案！说实话，我很久没有在一本书上标注得密密麻麻了，像是与作者的隔空对话，仿佛回到了读书时代。读了三遍后，我决心要见夏老师！

我与夏老师一见如故！冥冥之中，他在寻找一个好编剧，我在寻找一个好导演！

我热切邀请夏老师做我的咨询顾问，帮我重构"高维战略"这门课，将这门课打磨成真正的精品、作品！说实话，我做了别人近20年的顾问，这是第一次聘请一个人成为我的顾问！

没想到，这个充满未知的开始，竟然让我们共同开启了一段佳话！

夏老师完整地听完我的"高维战略"课程后，一个月后，拿出了一张我至今珍藏的"大片解构图"，并将我的战略思想体系高度凝练成了"顺三势和借三力"。他详细指导我每个篇章如何开场、如何引人入胜、如何埋下伏笔、如何提出问题并拿出解决方案、如何总结归纳并承上启下，哪些内容该讲，哪些不该讲，哪个篇章讲多长时间，严格控制到以分钟为单位。说实话，那次夏老师的系统讲解，逻辑严谨且充满激情，我非常震撼！讲了几年课，真的遇到一个将你读懂，且能重构，还能升华的人，如遇知音！

因为信服，所以愿意改变！

我开始按照夏老师的要求，重新打磨课程。打磨的过程，痛苦且快乐！

痛苦，因为我要改变过去随心所欲的讲法，让课程变成一堂严丝合缝的"专业演出"，一分一秒都不能差。这个过程，持续训练了十几次。每次课间，夏老师都会来到休息室，总能精准地指出哪句话多说了没意义，哪个观点没有充分表达影响学员接收……说实话，我"压力山大"，我在台前给学生上课，夏老师在台后给我上课！几次上课，我看到夏老师在最后一排坐着，皱了眉头，我就心里一紧，我快被折磨疯了！

这个过程，持续了快一年。每次讲课，我都感觉是在给夏老师汇报工作！

不成魔，不成活！

但，正因为这样疯狂的迭代，我们共同收获了真正的快乐！

这个快乐，属于我和夏老师！

我收获到了学生的热烈反馈，越来越多的同学真的听懂了，学会了，震撼了，加入了！

"高维战略"全新登场，口碑炸裂，好评不断！我们将以前的老学员邀请复训，所有学员都反馈，这门课简直是100%的重构！太有收获了！

夏老师更是邀请了很多同行到场观摩，并与一亿中流探讨战略合作，将这门课推广出去。当很多同行看到"高维战略"的惊艳内容后，我看到，同行对夏老师刮目相看与心生钦慕！夏老师出手，必是大片！

一门课，一个亿，我想，这来自"高维战略"这个案例。其实，效果远比宣传得更好，是一门课，每年超过一个亿！不仅是"高维战略"，之后两年，夏老师帮我把"2035战略私董会"课程也按照这个标准打磨升级，正向口碑不断递进，私董会大放异彩！

在夏老师的推动下，一亿中流战略研究院的核心教研体系彻底形成！

其实，我一度有私心，想把夏老师"独占己有"，这可是一亿中流战略研究院的秘密武器啊！但是，转念一想，夏老师这样的大师，应该帮助培训行业更多的人，更多的企业家，更多有大片底蕴的高手。这样的大片，应该成为未来的标配。我与夏老师，应该彼此成就！

最后，我强烈建议那些肚子里有干货的朋友们，无论你是企业家、管理者、领域专家还是专业讲师，无论你的表达场景是10分钟、1小时还是1天，如果想要惊艳他人，必须重构自身的出场方式，采用另一种逻辑表达方式。其中的奥妙，就蕴含在夏老师的这本《好课像大片》中！请你们务必读完三遍，然后去找夏老师！

一亿中流董事长，"高维战略"开创者，

《高维增长》畅销书作者　刘海峰

序三

人类社会正经历着百年未有之大变局，不确定性成为这个时代的显著标志。它不仅带来了巨大的挑战，更孕育了前所未有的机会。

变革之际，市场环境在剧变，商业逻辑在重塑，组织形态需要重新构建，企业管理渴求持续创新。面对错综复杂的现状和未来，我们的商学教育同样面临着新的挑战与艰难的蜕变。

新时代、新起点、新征程，我们如何立足新发展阶段、贯彻新发展理念、构建新发展格局？如何拥有新思维、开阔新视野、形成新对策？面对企业家和管理者提出的新学习需求，商学教育如何肩负新使命、发挥新作用、构建新生态、创造新价值，这是时代赋予我们的重大课题。

从事商学教育、管理培训20余年，我常深思：商学教育机构应如何重新评价和选择教学内容？好的课程应具备哪些特质？商业讲师如何提升课程价值和品质，更好地服务于企业家和管理者这一特殊群体？

管理学大师彼得·德鲁克在《管理的实践》一书中深刻阐述了管理的真谛：管理是一种实践，其本质不在于知，而在于行；其验证不在于逻辑，而在于成果。其唯一的权威性就是成就。

彼得·德鲁克的这段论述，为我们指明了方向。中国的商学教育应从知识传递、经验归纳转向问题解决，从学术走向实践，用新思维应对新问题。这是时代赋予我们的新使命，我们必须顺应时代，做出回应。夏老师关于商业课程的方法论与德鲁克的观点颇为契合，为商学教育提供了新的视角。

2023年，我有幸聆听夏老师的课程，深受启发。他提出的商业课程方法论为中国商学教育在课程研发与评估方面做出了重大贡献，也为讲师的成长和价值追求指明了方向。

夏老师这本书中的系统、完整、可操作的方法论之所以超前、深刻、高效，能带给人们惊艳、震撼、反思、追寻，源于他多年的行业深耕、潜心研究、孜孜以求。这套方法论的哲学思考的高度、思维认知的深度和未来视野的宽度，都源于他对新时代商业课程本质的理解、规律的探寻和实践的总结。

夏老师的成果无疑为业界带来了巨大价值，理应受到高度尊重与肯定。这本书的理论价值和实践探索具有原创性和突破性，是对商学教育在新时代发展的一种卓越的贡献。

沃伦·巴菲特曾言：成长是价值的安全边际。新时代催生新思想，新思想引领新实践，新实践呼唤新商学。我们要突破认知局限，与时俱进。沿用旧地图，无法找到新大陆。我们不能用工业时代的思维来应对数字化时代的挑战。

夏老师这本书的出版意义重大，希望业界同仁能深入研读，将其理念付诸实践。在这个变革的时代，它必将对中国商学教育和管理培训产生深远的影响，推动我们迈向新的高峰。

新商界高校联盟会长　王体星

序四

2020年，培训行业遭受了前所未有的挑战。我不断向合作伙伴询问，在这困境之中，谁能够逆流而上，实现增长？为了解答这个问题，我花了一个月的时间走访了超过200家高校、商学院和培训机构。这次走访使我深刻体会到，产品时代已经悄然而至。

回到北京后，我在京东和当当上购买了100多本关于课程研发的图书。然而，这些图书大多讲述了如何从零开始成为一名讲师的过程，却鲜有提及如何将两天的交付课转变为训练营、轻咨询和重咨询。幸运的是，经过身边多位老师的推荐，我得知了一本对培训行业产生深远影响的书——《大师是怎样炼成的》，其作者夏晋宇曾是行动教育的教研副总裁。我发现这本书在网上已经绝版，于是花费了约300元购买了一本二手书。这本书的内容深深吸引了我，有一段时间，我甚至每天前往圆明园，专心研究其中的磨课技术，以至于被老太太们误以为我遭遇了重大挫折。

我一直渴望能够见到这本书的作者夏晋宇老师。在得知他已经离开行动教育后，我通过朋友辗转得到了夏老师的微信。半年后，我迫不及待地前往上海与夏老师见面，我们畅聊了四个多小时。我衷心希望夏老师能够分享他的方法论，影响更多人，并考虑将其撰写成书，传承下去。然而，夏老师建议我先去了解他帮助打磨课程的刘海峰老师。于是，我带着一群商学院院长和培训机构负责人前往杭州一亿中流总部，全程参与了刘海峰老师的"高维战略"大课，并被其精彩内容所吸引。之后，我再次向夏老师表达了希望共同创办磨课学院并讲授其方法论的愿望，他最终答应了这一请求。

2023年8月，磨课学院在上海举办了首期"夏晋宇大片课"，吸引了近50位讲师参与。他们大多是夏老师的粉丝，意识到自己的课程更像纪录片，而非好莱坞式电影大片。他们渴望通过这套磨课技术提升课程品质。然而，由于夏老师仅介绍了大片八步法的前三步，很多讲师都希望他能完整讲授这套方法论。同年10月，我们在北京举办了第二期课程，报名人数达到了60多位，复训率超过68%。鉴于前两期的火爆反响，我们决定在12月举办第三期，吸引了约70位讲师参与，并有3位讲师邀请夏老师进行课程磨课咨询。原计划春节后举办第四期，但部分学员希望在春节期间打磨课程，因此我们提前筹备，在春节前成功举办了第四期，参与人数突破100人，现场座无虚席。

回顾这四期课程，共有22家亿元级机构和200多位大咖名师报名参与。这是因为大家都深刻认识到，唯有打造爆款课程，才能在激烈竞争的时代中脱颖而出。夏老师的大片技术极具实战性，从大片定位、大片框架、大片开场、大片中场、大片收场、大片共情、大片悬疑到大片销售，完整呈现了一门课程如何成为亿元级产品的方法论。这套方法论不仅帮助讲师将交付课、训练营（私董会）、轻咨询和重咨询融为一体，还实现了讲我所做、做我所讲的境界，达到了人课合一。

通过对报名学员的分析，我们发现他们大部分是讲师，还有高校负责人、培训机构负责人、产品经理，以及咨询师和企业创始人、高管等。这进一步证明了这门课程不仅提供了打磨课程的底层逻辑，也是产品研发的重要方法论。我们热切期待更多有志于打造大片课程、成为一代名师、奠定行业一流地位或拥有一门价值上亿元的爆款课程的朋友加入"夏晋宇大片课"，共同推动培训行业迈向下一个黄金十年！

黑鲨名师创始人　张彦

推荐语

中国培训市场未来的容量有望是全球最大的，但目前市场集中度较低，大多数公司的销售费用占比过高。这主要是由于市场上优质产品稀缺，导致客户培训后收获有限，复购率低下。企业因此需要不断重复获客，进而导致缺乏足够的研发投入，陷入运营困境。为了提升客户培训效果，夏老师以"脑"为核心，以"换脑"为目标，通过案例分析和实战演练，提出了"讲不同""讲深刻""讲一招"的九字方针，并据此延伸出一系列授课方法论。本书极具可读性和实用性，成为培训从业者难得的一本案头工具书。夏老师在总结方法论的同时，也赋能中国讲师做更好的课程，为中国培训业生态的改善和供应链质量的提升贡献力量。我们期待有朝一日，培训行业的头部企业不仅擅长营销，更能在研发上投入更多；期待培训公司的研发费用能够超越销售费用，使培训行业成为受人尊敬且吸引优秀人才的行业。最后，祝愿夏老师新书大卖！

——博商管理董事长　曾任伟

认识夏老师已有十余载，他始终致力于探索如何以极致的方式呈现一堂商业课程，确保课程和讲师获得应有的价值和回报。这本书详尽地解析了夏老师近二十年的课程研发技术与成果：将课程打造成大片，而非纪录片。对于商业讲师或企业高管而言，如果希望你的课程成为商业传奇，那么这本书无疑值得一读。

——华师经纪董事长　王贤福

推荐语

我们从事财务管理培训已有20年之久，始终以专业为出发点来设计课程。然而，在听了夏老师的课后，我们突然发现原来课程研发还可以有另一个视角，这实在令人震撼！

——大成方略创始人　李永建

四年前，当我从《商界》传统纸媒转行涉足短视频知识付费领域时，我便提出了"所有的行业都值得用培训思维再做一遍"的观点。如今，读完夏老师的这本书，我深感欣慰，因为我找到了知音。夏老师在书中明确指出："到底什么是一门好课？其实就是四个字：解决问题。"从定义问题开始，到分析问题，最终助你解决问题，整个流程连贯流畅。书中不仅有理论支撑，还有实用的方法和具体的案例，循序渐进，干货满满。这样全面而深入的内容，让人读后畅快淋漓，迫不及待地想要将其付诸实践。如果你也志在打造一门好课程，那么这本书定能颠覆你以往的认知，开启你的新视野：一门课，一个亿！

——商界联合董事长　胡凯

夏老师，我们相识已近二十年，他一直致力于打造精品课程与爆品课程，展现出极高的匠心精神。他磨课的方式沉浸且高维度、高战略，堪称产品架构战略专家。我将夏老师誉为魔术师，因为那些未经他打磨的课程，显得暗淡无光，如同黑白照片一般。然而，经过夏老师精心打磨的课程，无论是课程内容还是专家表现，都如同彩色照片般，五彩斑斓地展现了商业世界的智慧与精髓。因此，我强烈将夏老师的这本书推荐给所有培训行业的讲师，同时，我也特别将这本书推荐给百业的企业家。因为企业家是员工和渠道的导师，这本书是一本具有广泛适用性的宝典，对于百业的IP打造与提升具有极高的价值。

——大商之道创始人　王昕

从认识夏老师至今，我深感他是一位卓越的商业课程专家。众所周知，人与人之间最大的差异在于认知。而一堂好课，正如夏老师所言，能够深入学员的认知底层，助力学员实现换脑，重塑对事物的应用逻辑。在本书中，夏老师为我们详尽地阐述了一堂好课，即一堂能卖一个亿的课程方法论。我本人也是这一方法论的受益者，因此我强烈推荐大家仔细阅读本书，深入体验夏老师十年实战经验的精髓。

——LadyBoss董事长　柳婉琴

《好课像大片》一书讲述了如何设计一门好课，并提出了"讲不同、讲深刻、讲一招"三大标准。书中融入了作者20年丰富的培训经验，通过生动的案例剖析了"好莱坞大片"拍摄的四部曲，将课程设计过程巧妙地与大片制作进行类比。这是一本难得的培训佳作，值得每一位读者深入研读！

——中旭教育董事长　王笑菲

世有非凡之人，而后有非凡之功。夏老师的确与众不同，身为"大师背后的大师"，他成功帮助众多名师打磨出名课。今日，夏老师将自己多年打造多款亿元级爆款课程的方法论，毫无保留地汇集成此书。如果你渴望从商业讲师蜕变为一代名师，此书至少应研读百遍，并付诸实践；如果你志在成为一代宗师，那研读无数遍也不为过！

——经邦咨询董事长　薛中行

夏老师的这本书，凝聚了他超过18年打磨众多亿元级课程的丰富经验，精心总结出从定位到销售等八道工序。这本书将手把手引导你如何磨课，我强烈推荐每位有志于成为名师的商业讲师阅读此书。

——结构思考力创始人　李忠秋

推荐语

夏老师的"大片课",是一种有效的课程方法,能让学员爱听、听懂、听深,也能让学员想干、能干、立即干。这门课程以学员的学习成果为核心,所有的努力都指向一个终极目标——探寻什么是一门好课。这门课程不仅鼓励学员思考,更促使学员行动,因为行动才是改变命运的关键。如果你想成为一名高效的商业讲师,那么夏老师的课是你的必修课,夏老师的书是你的必读书。

——"屏蔽竞争"课程作者 快刀何

在当今的企业发展中,寻找能够真正解决企业实际问题的商业课程显得尤为关键。夏老师的"大片课"被誉为商业培训领域的经典之作,我本人有幸亲身体验过夏老师提供的陪伴式服务,深刻感受到了其在解决问题方面的独特效能。这本书详尽地解析了大片课的核心逻辑、思维方式和方法论,我坚信,对于那些渴望深入商业课程领域的专业人士而言,它将提供极大的助益。

——九千九咨询董事长 熊鸣

强烈推荐夏老师的新作《好课像大片》。在过去,我在课程设计上曾面临诸多挑战,而夏老师的大片方法论犹如一盏明灯,为我指明了如何设计一堂高质量商业课程的道路。那些曾经需要花费高达120万元才能获得的方法论,如今夏老师在新书中已经系统地总结了自己的课程设计理念、方法、工具、案例。对于致力于打造爆款课程的设计者来说,这本书无疑是一本值得深入研究的宝贵资料。

——中旭增长商学执行院长 张浩峰

偶然间,我看到了"大片课"的课程框架,立即被其深深吸引并决定参加夏老师的课程。我连续参加了五期,并成为特训营首位邀请夏老师辅导打磨大片课的品牌讲师。在深度辅导中，我真切地感受到了夏老师的敬业精神和强大的思维逻辑，这使我受益匪浅。经过重新打磨的"碾压式竞争"品牌课程，一经推出便引起了市场的广泛关注并获得了学员的狂热追捧。这确实是一门真正的大片课！我深感庆幸能够遇见夏老师，他是我终生的良师益友。

——碾压式竞争战略开创者、国牌智造咨询董事长　蒋桦伟

我有幸全程见证了夏老师在两年时间内，运用这本书中的逻辑和方法论，精心打造出亿元级的爆款产品———亿中流的"高维战略"和"2035战略私董会"。我也深感荣幸，在夏老师的鼓励、亲身指导和磨砺下，同样是在这两年的时间里，我从一个单纯的战略咨询老兵，成长为一亿中流"高维战略"开创者刘海峰的课程搭档，并成为"高维战略"和"2035战略私董会"的核心授课老师之一。作为这一过程的见证者和受益者，我由衷地推荐这本书。

——战略专家　翁一铭

衷心感谢夏老师将"大片课"中的精髓汇编成书，为更多讲师提供了宝贵的学习机会。夏老师主讲的"大片课"深深打动了我。该课程不仅每一句话、每一个动作都经过精心设计，博采众长而自成一体，辗转迂回而行云流水，更关键的是，夏老师引领行业向好向新向实的正心正念正行。夏老师的课程系统而细致，他将所有知识点细化至极致，再用这些细微之处编织成一张知识的大网。此外，夏老师还会传授许多大招技巧，让人醍醐灌顶。《好课像大片》是一本值得所有教育者用心阅读的书，它同样能够滋养教育者的职业生命。阅读并能够应用这本书的理念、工具和方法的教师越多，我们企业教育培训行业为客户创造价值的能力就会越强，对于推动中华民族伟大复兴的力量也就越大。再次对夏老师表示衷心的感谢。

——领跑者CEO　唐峰

前言
本书背后的故事

  这本书写了将近十年！每次拿起笔思虑半天后，又会轻叹一声放下。

  其实早在10年前（2014年），我就完成了一本书《大师是怎样炼成的》。那一年，真的好事连连，我不仅出版了人生的第一本书，也迎来了和我同一个生肖、同一天生日的第一个孩子的诞生。

  因为这个缘分，孩子自从懂事以来，经常会问我："老爸，下一本书你什么时候出版呢？"面对他的灵魂拷问，我早已习惯性地应对："等你10岁生日的时候，新书就是爸爸送给你的礼物。"

  我的这个回答，小家伙总是很不满意，他每次都嘟着嘴说："怎么写这么久？"但一想到这本书是送给他10岁时的生日礼物，他每次还是会欢快地跟全家宣布这个"重磅消息"。只是没想到时间过得如此之快，一晃10年真的马上就要过去了。在得知我开始重新写书以后，小家伙现在问得更勤了。

  但这本书真的难产，因为无论如何，我都不希望这本书成为《大师是怎样炼成的》的翻版或者续集。然而，行动教育的磨课方法论早已深深刻在我的骨髓里。即便我自己每每读起那本书，过去在行动教育从事的教研日常就会浮现在眼前，行动教育的李践老师的谆谆教诲以及与众多讲师磨课的点点滴滴，仿佛就在昨天，仍然能勾起我很多美好的回忆。虽然那本书已经出版10年，即便我自己每次读完，都会很感动、很触动、很受启发，就像和过去的自己在对话。但我真的不确定自己还能写得更好，写得完全不同。如果不能，那为什么我还要写呢？

《大师是怎样炼成的》这本书给我带来的远不止这些。如果说今天夏晋宇在企培行业有一定影响力的话，这本书绝对功不可没。一亿中流董事长刘海峰、黑鲨名师创始人张彦、大脑营行董事长苏引华、摩天董事长李厚德、时代华商董事长鲁强、大商之道董事长舒敏、经邦咨询董事长薛中行、远航定位董事长方伟、中旭教育董事长王笑菲、华师经纪董事长王贤福等等，与他们的相识结缘都是因为这本书。后来，他们中的大部分也成为了我的客户。今天，在黑鲨名师平台举办的"夏晋宇大片课"线下课上，大部分来听我课的讲师都曾经看过我的书。

黑鲨名师的张彦老师跟我说，2022年看完《大师是怎样炼成的》后，他整整在家附近的公园闭关了一个多星期。每天一大早，他就到公园，边看书边和自己对话，思考黑鲨名师的发展方向。他这一坐就是一整天，看起来很不正常，惹得公园里的老太太们很是担心，纷纷劝他："人生的路还很长呢，小伙子千万不要想不开。"老太太们以为张彦老师遇到了人生重大挑战。

正是因为这个机缘，张彦老师通过各种朋友最终联系上我。我们第一次见面就聊了足足四个小时。快告别的时候，他诚恳地说："夏老师，你一定要再出一本书，我要把你的磨课新方法论让更多的商学机构了解。未来，我希望企培行业的每一堂课都是大片。"

不止是张彦老师，很多熟知我的讲师和朋友都鼓励我一定要再出版一本书。其中，最积极的莫过于一亿中流董事长刘海峰。他说："夏老师，你在一亿中流这个平台一定要重新出一本书。我的所有私董会企业家学员都应该是大IP，都要成为大师，都要有不一样的出场方式。你现在打磨课程和IP的思想及方法论与《大师是怎样炼成的》有非常大的不同，你一定要重新写出来。"好朋友李子滨甚至拍胸脯揽下销售任务："夏老师，只要你出新书，我保证给你至少卖一万册。"

大家的鼓励让我更加下定决心要把这本书写好。

我试图构建一个最佳磨课模型，探索一门课一个亿的商业课程的精髓。我希望能拆解到每一句话应该如何讲，并建立对应的衡量标准。同时，我也希望这本书能穿越更长的时间周期，在更长的历史时空给予商业讲师启迪。

《好课像大片》这本书从决心动笔到完成，整整写了一年多，其间经过反复修改。与《大师是怎样炼成的》相比，它对商业讲师的要求更高、期待更大。如果讲师觉得阅读起来有些难度和深度，那其实是因为我现在对商业课程的标准更为严格，对讲师的期待也更高。因此，尽管我希望这本书能被更多人看到，但我必须坦诚地说，对于部分读者来说，这本书可能不会那么轻松易读。

《好课像大片》不仅是对理论框架知识层面的提升，更是对思维方法的革新和颠覆。尽管我在书中使用了"大脑""大片"这样的字眼，但我必须承认，我没有深入系统地研究过与大脑相关的科学，也没有对电影专业进行过深刻系统的研究。甚至，我曾经购买过与大脑和电影相关的专业图书，但很遗憾，我并没有完全理解其中的内容。然而，我仍然选择了这些字眼，因为它们更符合我想表达的思想或观点的理想状态。

如果让我推荐谁最适合阅读《好课像大片》这本书，我的第一反应肯定是商业讲师。

我不仅创作了《好课像大片》这本书，实际上，我还提供线下的两天实操课程，名为"夏晋宇大片课"。讲师们上完课后，与我分享的最大感触是："夏老师，我讲了十多年的课，但听完你的课后，我变得不会讲了，甚至不敢讲了。"

然而，有趣的是，在表达这些感受时，我看到的并非讲师们的沮丧和失落，而是他们对教学的敬畏，以及更大的信心和期待。为什么他们会感到不会讲、不敢讲呢？原因在于，讲师们听完课后，对自己的教学要求变

好课像大片

得更加严格了。他们了解到了价值一亿元的商业课程应该是怎样的，找到了自己的不足之处和需要改进的地方。最关键的是，他们知道了应该如何去改变，明确了努力的方向和目标。

有一位在组织咨询领域专注了十多年的讲师曾对我说："夏老师，我在组织咨询领域研究了十多年，积累了众多最佳实践，可以说是十年磨一剑。为了提升我的课程质量，我学习了很多演讲课程，包括TTT，但效果并不显著。听完你的课后，我才明白，原来我之前的课程一直停留在纪录片的层面，而不是大片。要把课程做成一部大片，虽然难度很大，充满挑战，但我对自己充满了信心。"

讲授"屏蔽竞争"的快刀何老师第一次听完"夏晋宇大片课"的线下课，立即对课程进行了调整，并取得了巨大的成功。当他的朋友好奇地询问他为什么变化如此之大时，他积极地向朋友推荐"夏晋宇大片课"。他实践"大片课"[1]的最大感受是：把课程做成大片的核心在于"讲一招"！然而，讲一招所需的知识储备却远远超过讲十招或讲百招。

德鲁克管理学院的王雷老师，同时也是经典著作《卓有成效的管理者》的译者，听完"夏晋宇大片课"后对我说："夏老师，你的'大片课'的核心思想与德鲁克的思想不谋而合。听完你的课，我决定再次创业，将我在IBM十多年积累的BLM战略执行工作的最佳实践，与德鲁克的思想相结合，打造一堂真正的大片课程，让更多的中小企业受益。"第二天，他果然付诸行动，与我讨论了一个小时，初步确定了新的课程名称"战略推演"。王雷老师虽然已经到了退休年龄，课程也讲了多年，在业内享有盛誉，但究竟是什么激发了他再次创业的激情呢？我相信，正是"把课程做成一部大片"这样的愿景打动了他，让他看到了更多的可能性，让他能够真正做回自己。

---

[1] 此处的"大片课"指的是作者的"夏晋宇大片课"，也称"换脑大片课"。为了增强叙述的便利性和可读性，本书中的不同位置会多次使用这三种说法。

其次，我想把这本书推荐给商学机构的教研团队以及企业的培训部门，这本书无疑是为你们量身打造的。

记得有一次，我受邀作为嘉宾参加《培训》杂志组织的一个论坛。演讲结束后，我坐在会场后方休息，一个小姑娘悄悄地走到我身旁坐下，激动地说："夏老师，我终于见到您了，我可是您的粉丝呢。我看过您的书《大师是怎样炼成的》。以前我在深圳摩天之星工作时，我们公司组织过一次读书会，就是读您的书。"我好奇地问她现在的职业，她告诉我她现在是国内一家知名机构的教研总监。这让我颇为惊讶，因为看她的年纪，我猜想她应该不超过28岁。可能她看出了我的疑惑，于是她解释说那本书对她影响深远，她现在就是用那本书中介绍的方法论来指导讲师研发课程。

那天虽然我们没有深入交谈，但她的经历更加坚定了我对于课程研发的基本理念：教研团队的使命，就是寻找、发现并成就大师。我遇到过很多才华横溢的讲师，他们在某个专业领域十年磨一剑，但课程设计却一塌糊涂。他们的课程呈现技术和水平还停留在十多年前，急需得到专业教研团队的帮助。

因此，我一直强调教研团队必须深刻掌握磨课的方法论。他们应该是讲师的教练和启发者，他们最大的武器不是提供内容，而是正确发问。通过向讲师提出问题，让他们意识到自己的使命和责任。

我还记得有一次在一家头部企培机构的磨课现场，他们邀请了一位资深的咨询师来分享方法论。然而，当这位咨询师讲到一半时，机构的教研总监突然站起来反驳说："我不认同你讲的方法论，我认为你讲的是错的。"结果两人当场吵了起来。讲师觉得没有得到尊重，教研总监则坚持自己的原则。最后，讲师非常生气，即便机构的董事长出面安抚也无济于事。后来我才了解到，这位教研总监是新招聘进来的，刚从英国留学回来，年轻气盛。

教研人员一定不能和讲师陷入学术之争。我们的任务不是指导讲师的内容，而是帮助他们更好地呈现内容。一旦陷入学术之争，就会面临谁对谁错的问题。问题在于，教研人员往往都是从书本上学到理论，商业讲师则是在某个领域进行长期实践。作为教研人员，我们应该尊重讲师和他们的最佳实践。遇到不认同的观点，我们应该问的是："你的方法论指导过哪些企业？具体的成果是什么？"而不是陷入无意义的学术之争。这就是《好课像大片》这本书的使命所在——它并不是教教研人员如何准备内容，而是指导讲师如何更好地呈现内容。

最后，我还想把这本书推荐给企业家和创业者。原本我以为对磨课技术最感兴趣的会是商业讲师，但出乎意料的是，在我两次线下开课中，有近300位企业家来到现场学习。一亿中流的李子滨老师后来采访了他们，结果发现一半人是冲着"换脑"这两个字来的，另一半则是冲着"出场方式"来的。

这意味着，大部分企业家并不是为了成为商业讲师而来，他们更希望能够讲好自己企业的故事，让团队、客户以及合作伙伴深刻理解自己、信任自己、跟随自己。然而，问题在于很多企业并不清楚自己是谁，或者即使说了也无法在听众心中留下深刻印象。听众听完之后并没有产生强烈的共鸣，没有想要加入他们一起奋斗的冲动。

我一直认为，企业家要讲好自己的故事并不容易。因为讲好故事和做好企业的逻辑是相似的。如果企业做得不好，那么企业家就很难讲好自己的故事。相反，如果企业家讲不好自己的故事，那么企业肯定也做得不好，无论怎么努力都会感觉不顺。有趣的是，我接触过一些企业家，他们一开始并不清楚自己是谁，但随着讲述的深入，突然有一天他们把自己讲明白了，企业的故事也讲得越来越精彩，业务也开始蒸蒸日上。《好课像大片》这本书就是希望帮助企业家讲好自己的故事。正如刘海峰老师所说，在短视频和直播时代，每一位企业家都应该成为一个大IP。

实际上，课程对企业家的价值远不止于此。因为每一家企业不仅生产产品，还生产知识。在《大师是怎样炼成的》这本书的开篇，我就探讨过行业商学院的价值。标杆企业可以用知识来撬动整个行业、整合资源，并提升行业的整体效率。

《好课像大片》的底层逻辑和方法论来自最佳实践，是我近二十年磨课经验的结晶。在行动教育担任教研副总裁期间，我沉淀了诸多方法论，而在服务更多头部企培机构的过程中，这些方法论不断得到完善，最终形成了一套完整的理论工具体系。与其说我为他们提供了服务，不如说是他们无私地分享了对课程的深刻理解，让我从中学习。中旭教育的董事长王笑菲常跟我开玩笑说："夏老师，你给我们中旭做咨询，我们在向你学习，其实你也从我们这里学到了不少，不过你可没给我们付费哦。"

的确如此，我服务的很多商业讲师也是我的老师。这本书的出版，他们功不可没，包括孙多勇老师、薛中行老师、王昕老师、许战海老师、翁一铭老师、陈昱瑾老师、李子滨老师、柳婉琴老师、快刀何老师、蒋桦伟老师、熊鸣老师、卫靰老师、王海英老师、李东锦老师等。我无法一一列出他们的名字，但他们的闪光点都在这本书中得到了体现，我希望通过这本书，让更多的人了解他们的智慧。

在此，我特别要感谢黑鲨磨课学院的团队成员们：张彦老师、薛艳云老师、肖莉娜老师、谢芳老师、祝恬老师、李君老师、李薇老师、高娅楠老师、蔡玉蕊老师、才志新老师、梁惠华老师、刘红梅老师、董盈盈老师、李琴老师、张浩峰老师等。他们不仅在我出版这本书的过程中给予鼓励和支持，提出宝贵的建议，还在各种场合大力推崇我。他们坚持要我举办线下课程，让本打算"躺平"的我深感愧疚。每次见到他们，我都被他们的热情和信心所感染，仿佛又回到了那段激情燃烧的岁月。

此外，我还要特别感谢一亿中流的刘海峰老师。在战略思考上，他无疑是我的导师。通过学习他的产业思维，我得以重新审视自己和企培行业，对企培行业有了更深入的认知和洞察。值得一提的是，本书中的一些案例和素材来自刘海峰老师的"高维战略"课程。如果不是担心会稀释他作为战略专家的IP，我甚至想请刘海峰老师共同署名。

同时，我也要感谢李践老师。我的核心底层逻辑都来自他的教诲和影响。如果说今天我还有一点点成就的话，毫不夸张地说，这都是沾了行动教育和李践老师的光。即使今天我早已离开行动教育，但每当遇到挑战或有些事情想不通的时候，老师永远是我第一个想要寻求帮助的人，有时候我甚至觉得自己就从来没有离开过。

按照惯例，我还要感谢我的太太。这次新书的第一稿我先请她审阅。我曾向她表达过我的担忧：不希望这本书成为《大师是怎样炼成的》的翻版或续集。她看完后告诉我，《好课像大片》这本书更有深度，更符合我的思想，与第一本书截然不同。这给了我极大的信心和勇气。她还给我提出了很多宝贵的建议，比如我曾在书中分享了一段创业经历，她问我为什么要写这段故事，认为我像是在自吹自擂。由于她的提醒，我删除了这部分内容，这段内容与主题关系不大，且确有自夸之嫌。

当然，我还要感谢我的两个儿子。我要特别强调，这本书不仅是给老大的十岁礼物，也是给老二的礼物。如果老二知道这本书只送给老大，依他的性格，肯定会要求我再写一本给他，那我可真要头疼了。

最后，我有一个美好的愿望：愿每一位读者在读完这本书后，都能有一堂课，一堂好课，一堂大片课，一堂换脑大片课。

目录

| 开篇必读   / 001

| 第 1 章　好课定位 / 029

  重新定义课程定位   / 030
  只有钉子才能进入学员的头脑   / 031
  课程好定位的标准：一句话   / 034
  说不清的本质是：不用心、不专心   / 035
  99%的商业课程只有课程主题   / 039
  课程定位也不是数字游戏   / 041
  "解决问题"才是课程钉子   / 042
  课程没有钉子绝不讲课   / 046
  课程定位方法论   / 049
  找钉子全过程案例   / 057
  找钉子工具   / 059

第 2 章　好课框架　/ 061

重新定义课程框架　/ 062

好框架会说话　/ 062

一个好框架=100个销售员　/ 065

好框架的三大标准　/ 067

罗列干货不能传递信任，而在制造复杂　/ 070

入脑入心的框架才能传递信任　/ 072

每一位商业讲师都值得把框架打造一遍　/ 077

好框架赢得信任方法论　/ 079

框架工具　/ 086

第 3 章　好课开场　/ 087

好开场是成功一半　/ 088

重新定义课程开场　/ 090

决心改命才能收心　/ 091

决心改命才能受益匪浅　/ 093

有大挑战才会引发改变　/ 094

大共鸣才会决心改命　/ 098

开场切勿塑造自己和教训学员　/ 101

塑造挑战才能让学员决心改命　/ 104

塑造挑战方法论　/ 106

好课开场工具　/ 115

第 4 章　好课中场　/ 117

重新定义课程中场　/ 118

沿着旧地图，找不到新大陆　/ 120

挑战现状往往比挖掘痛苦更有说服力　/ 121

挑战现状更符合人性　/ 123

挑战现状的三大标准　/ 123

人云亦云很难挑战现状　/ 130

冲突对立才能挑战现状　/ 132

挑战现状方法论　/ 134

挑战现状工具　/ 138

第 5 章　好课收场　/ 141

重新定义课程收场　/ 142

促使行动才能兑现承诺　/ 144

促使行动才是合作开始　/ 145

促使行动的两大标准：有绝招、有承诺　/ 149

99%的教学模式无法促使学员落地　/ 153

实效教学法才能促使行动　/ 157

实效教学法怎么做　/ 158

收场促使行动工具　/ 165

第 6 章　全场共情　/ 167

重新定义课程演绎　/ 168

共情是课程的最高境界　/ 169

共情的四大标准：真、爱、趣、梦　/ 171

语言的魅力　/ 177

全场传递事实数据很难共情　/ 178

传递感受才能和学员共情　/ 181

传递感受方法论　/ 184

故事惊喜感工具　/ 190

第 7 章　全场悬疑　/ 193

重新定义课程互动　/ 194

制造悬疑就是制造注意力　/ 195

制造悬疑就是制造思考力　/ 197

制造悬疑就是制造说服力　/ 198

全场悬疑的两大标准　/ 199

切勿成功学式互动　/ 203

悬疑式互动实现轻松掌控全场　/ 205

全场悬疑方法论　/ 207

悬疑工具　/ 214

开篇必读

重新定义商业课程

你真的决定要讲一堂好课吗？如果答案是肯定的，那么请你暂且放下手中的书，闭上眼睛，认真地回答这个问题：什么样的课才是一堂好课？

不论在何种场合，面对哪位讲师，我总会抛出这个问题，这或许显得有些堂吉诃德式的执着。有一次，当我又向一位讲师重复这个问题时，他笑着提醒我："夏老师，这个问题你以前问过了。"

我当然知道。但这个问题太重要了，因为一堂好课的起点，正是对"什么是一堂好课"的深刻认知。商业讲师若对这个问题理解得不够深入，那么要想打造出一堂传奇般的商业课程，难度将会很大。

这个问题其实是在探寻商业课程的最终归宿，以及商业讲师应努力的方向。简而言之，就是以终为始！

那么，什么样的商业课程才算得上好呢？答案是换脑！

换脑，并非字面意义上的换掉脑袋，那么，我们究竟换的是什么呢？

我们换的是"新"，包括新的认知、新的观点、新的底层逻辑、新的方法论。

我们换的是"更"，意味着追求的是更好的、更先进的、更佳实践的、更有成果的、更符合时代的内容。

我们换的是"代"，是对原有认知的替代、革命、清除，是在脑袋里重新安装上新的操作系统。

我们换的是"深"，是深刻的认知改变和深度的认知突破。

换脑不是洗脑，不是精神传销、精神控制，更不是心灵鸡汤和成功学，不会在人们的脑海中种下不切实际的幻想。

换脑也不是过脑，不是仅仅向学员灌输一堆知识，而这些知识却未能转化为他们新的认知和底层逻辑。时间一长，这些知识便如同过眼云烟，被自动遗忘。我们从小到大学习了很多知识，但大部分最终都归还给了学校。商业课程并非简单的知识传授或基础教育，它旨在引发认知的深度改变，实现真正的换脑，成为人们工作中的新底层逻辑。

解决问题从换脑开始

课程的本质，毋庸置疑，是为了解决问题。然而，课程本身并不能直接解决问题，其最终的效果取决于学员的行动。学员如果不采取行动，哪怕听课千遍，问题依然无法解决。

那么，如何促使学员最终解决问题呢？答案就是换脑。换脑意味着摒弃旧有的认知、观念和方法，接纳新的认知和方法。

换脑是人们改变的起点，它最终推动人们面对问题并解决问题，从而带来命运的巨大转变。

那么，左右人们命运的究竟是什么？不是梦想，不是行动，而是认知。人和人之间最重要的差异，并非梦想和行动，而是认知。梦想和行动的背后是认知。命运的改变，表面上看似是因为梦想和大量的行动，但本质上，是因为认知的深刻转变，是因为换脑。真正拉开人与人之间距离的，正是认知的差距。

人类命运的变迁史，实际上也是一部换脑史。从马车到汽车，从蜡烛到电力，从书信到手机，人类的生活发生了巨变，而推动这些巨变的正是人类认知的不断更新与升级。从认知的角度来看，今天的人类与一千年前的人类已截然不同，他们脑海中的观念与想法有着天壤之别。

国家的发展亦是如此。乾隆四十一年，大清帝国看似繁荣太平，GDP

全球领先，乾隆自诩为十全老人，百姓沉浸于"普天之下莫非王土，率土之滨莫非王臣"的虚幻认知中。然而，同一年，英国的瓦特发明了蒸汽机，引领英国进入工业革命；亚当·斯密出版了《国富论》，奠定了现代经济学的基础，提出了市场是经济背后的无形之手；美国正式独立，并发表《独立宣言》，宣告"人人生而平等"，开启了美国社会的新篇章。这三个国家因不同的认知而走向了不同的命运。

企业之间的竞争，本质上也是认知的竞争。企业与企业之间的差别，本质上也是认知的差别。企业家的认知，决定了企业的上限。我记得在《人物》采访马云的一段视频中，记者问他为什么如此坚定地相信互联网，尽管被人称为疯子和骗子。马云回答说："我看见了，我看见了。"因为看见，所以相信；因为相信，才会如此坚定。

个人又何尝不是如此？换脑带来的认知改变，改变了很多人的命运。我有个朋友，正是因为对《破产法》有了新的认知，才拯救了自己的家庭和企业。在换脑之前，他认为破产就意味着家破人亡；换脑后，他才发现《破产法》既保护债权人，也保护债务人，通过破产重整，企业可以重获新生，实现债权人和债务人的共赢。最终，他成功使重庆第一家民营企业通过破产重整焕发新生，并推动更多企业走出困境。这就是认知改变的力量，这就是换脑的价值！

我的命运改变同样源于换脑！1999年毕业后，直至2005年，我一直在传统企业担任高管职务。2006年1月，我加入了行动教育，并在那里组建了当时第一个咨询事业部，我怀揣着成为顶尖战略咨询师的梦想，全身心地投入其中。然而，就在我准备大展拳脚之际，2006年年底，我却突然收到了公司通知，咨询事业部被取消了。这是因为行动教育的理念是"要做就做第一"，而咨询业务并非当时行动教育的发展方向。就在我失落准备离开的时候，行动教育的教

研副总裁刘位与我进行了一次深入的交谈。他根据对我的了解，建议我可以考虑担任教研总经理，专注于课程研发。

我当时非常吃惊，本能地拒绝了。一方面，我觉得课程研发对我而言似乎有些大材小用，不符合我原本的定位；更重要的是，我觉得自己并不适合这个职位，文采口才欠佳，性格内向，缺乏舞台表现力。然而，刘总却告诉我，如今市场上战略咨询师众多，真正的商业课程专家却寥寥无几。他鼓励我再好好想想。

后来，我接受了他的建议，因为我逐渐认识到，一堂课就如同一家企业，一个产业，一个爆品，同样需要战略、组织、品牌、营销、绩效等多方面的考虑。与其好高骛远地想着改变整个企业，不如先从改变一堂课开始。

正是这次认知上的转变，使我虽然没有成为顶尖的战略咨询师，但在商业课程打造方面却积累了一定的口碑和行业影响力。

好课成就商业传奇

好的商业课程之所以如此迷人，其背后的本质就在于"通过改变认知从而改命"！

为什么一堂好课能够卖出亿元的价值，影响成千上万的人？其背后的本质仍是"换脑改命"的魔力！

为什么众多企业愿意投入百万甚至千万元的资金，让团队学习一堂好的课程？其背后的本质还是想为团队实现"换脑"！诸如郎酒、口味王、今麦郎等一大批企业，为行动教育的商业课程"浓缩EMBA"投入巨资，不正是希望团队能够借此实现"换脑"吗？

为什么众多企业热衷于建设企业大学？企业大学的核心使命又是什么？其背后难道不是因为遵循着"不换脑就换人"的逻辑吗？

为什么每一位企业家都应该拥有一堂属于自己的课程？因为只有当你成为企业的"教父"，为团队换脑，为客户换脑，为合作伙伴换脑，你才能引领更多的人共同实现企业使命。

为什么培训行业热切期盼更多具有实战经验和丰硕成果的讲师加入？这正是因为培训行业的本质就在于"换脑"！

商业课程的真正魅力就在于此：没有深度的认知改变，就无法兑现客户的价值。只有当我们深刻领悟商业课程的本质，我们才会真正尊重、理解和敬畏培训行业。

我曾遇到过一位餐饮行业的知名企业家，他看过我2014年所著的《大师是怎样炼成的》一书后，向我咨询如何建设企业大学。我询问他为什么有此想法，他坦言，过去只是看到同行都在建设企业大学，便盲目跟风，但效果并不理想。在深入阅读我的书后，他下定决心要打造一个世界级的餐饮行业大学，这个大学的使命就是"不换脑就换人"。我觉得他的观点十分正确，课程作为企业大学的核心内容，正应当承载起换脑的使命！

好课三大标准

换脑难吗？当然难！据说，全球公认最难的两件事，一是将自己的思想植入他人脑海，二是将他人钱财装入自己口袋。然而，商业讲师似乎需要同时应对这两件事。

我曾提及这两件事的难度，有位讲师随即站出反驳："夏老师，这两件事还不算最难,让学员,尤其是年过60岁的学员,在教室里专心坐上三天,那才难呢。"

他说的是对的,要给学员换脑的确很有挑战,而要让他们心甘情愿地坐三天来接受你给他们换脑更有挑战。那么,什么样的课程能够达到这样的效果呢?答案在于三大标准。

第一大标准:讲不同。

第二大标准:讲深刻。

第三大标准:讲一招。

好课的第一大标准:讲不同

你所讲述的,绝不能是老生常谈、陈旧乏味的话题。你既不是祥林嫂般的重复者,也不是和尚念经式的单调讲述者。在2023年,我有幸邀请行动教育的李践老师来考察一个商业课程,他当时分享的关于好课的第一个标准,便是"讲不同"。

商业讲师应扪心自问,先不说商业课程,即使是极受欢迎的电影,一旦观众看过一遍,还会愿意再次付费观看吗?大部分人的答案是否定的。他们可能会向他人推荐,但几乎不会再有动力付费重看。

那么,凭什么给学员换脑呢?唯有讲述与众不同的内容,传递学员未知的信息,才能实现换脑的目标。如果商业讲师所讲的内容学员早已耳熟能详,他们又怎能实现认知的深度改变?又怎能赋予他们新的认知和底层逻辑?将众所周知的内容包装成商业课程,无异于生产过剩的商品,这无疑是制造垃圾和库存,更是在浪费学员的时间与精力。一旦商业讲师开口,学员恐怕只会心中咯噔一下"又来了",他们又怎会有付费学习的动力呢?

商业讲师唯有讲述与众不同的内容,展现出与众不同的见解,学员才会有学习的意愿。面对学员时,我们应满怀底气与使命感,告诉他们:"你必须来听我的课,因为我所讲述的,正是你所不知的。你之所以面临诸多困境，正是因为这些认知尚未打通。你必须来，因为我所传授的，都是你未曾了解的，必定能为你带来实质性的帮助。"

每当我遇到一位讲师，我都热切地希望他能来听我的课。因为我所掌握的这套课程打磨技术，远超出很多讲师的认知范畴，必定能为他们带来助益。有一次，行动教练的创始人季益祥带领团队来我公司交流，交流结束后，我诚挚地邀请他来听我的课。我对他说："季老师，您一定要来听我的课，我所讲述的，是您未曾了解的，也是您在其他地方难以听到的内容，必定能为您带来极大的突破。"结果，季老师当场便为他的团队报了名。

很多商业讲师可能会这样反驳："夏老师，我的课程和理论虽然大家都耳熟能详，但问题在于他们并没有真正付诸实践。因此，我的课程才需要反复讲解，以便提醒和引导他们。"

这个逻辑乍听起来似乎颇有道理，但仔细琢磨一下，便会发现其中的问题。如果一套理论或工具已经普及到大家都在实践，那么你为什么还要再讲？而如果一套理论或工具虽然为大家所熟知，却鲜有人能真正实施，那就说明这套理论或工具本身存在不小的问题。作为商业讲师，你的任务应当是深入研究这些问题，寻求解决方案。当你真正发现问题并拥有最佳实践时，你的课程自然就会与众不同，因为你看到了别人未看到的问题，并提供了别人未有的解决方案。因此，当大家都知道却做不到时，这恰恰为商业讲师提供了巨大的机会。

如果商业讲师明知大家难以实践，却仍只是反复讲解，那这与成功学又有何异？我们之所以批评成功学，不正是因为它常常让人陷入不切实际的幻想之中吗？

"讲不同"这个概念说起来容易，但做起来并不容易。在今天这个时代，人们获取知识的途径多种多样，更何况是那些见多识广的企业家呢？他们背后往往还有一群专业的顾问和谋士，又怎会有太多他们不知道的东西呢？因此，商业讲师要想给他们传授未知的知识，这的确是一个大挑战。

那么，商业讲师凭什么做到这一点呢？答案只有一个：那就是他们必须对自己研究的领域有深刻的洞察和丰富的实践经验，并持续不断地进行精进。

好课的第二大标准：讲深刻

仅仅讲述别人不知道的内容还不足以称之为好课，商业讲师还要将那些鲜为人知的知识剖析得深刻透彻。

那么，何谓深刻？是那种深入骨髓、刻骨铭心、让人痛定思痛的讲解。

唯有深刻，方能带来真正的改变。

然而，实现这一点却绝非易事。要将人们不了解的东西阐述清楚已属不易，更何况要达到深刻的层次。毕竟，对于从未见过或不了解的事物，人们往往难以理解其内涵。

1994年，我还是一名高中生。当时，一位年轻的英语老师试图向我们介绍电脑，他满怀激情地描述电脑将如何深刻改变世界。然而，对于我们这群从未见过电脑的学生来说，他的讲解如同天书一般难以理解。那时的我们，对"386"这样的概念一无所知，更别提理解其意义了。现在回想起来，那位老师面对一群茫然的学生，心中定有诸多失望。这正是人类认知的局限所在，我们往往难以认知那些未知或未曾见过的事物。

当两个认知差异巨大的人试图沟通时，就如同鸡同鸭讲，难以产生共鸣。设想一下，如果有人能穿越时空回到2000年前的汉武帝时代，试图向

他解释什么是手机，这样的任务恐怕与治理一个国家的难度不相上下。正如马斯克所言："我现在不与人争吵了，因为我意识到，每个人只能在他的认知基础上去思考。若有人告诉我2+2=10，我会说，你真厉害，你完全正确！"

好课的第三大标准：讲一招

这一招，必须如利剑出鞘，直取要害，一击必中，绝不拖泥带水，毫无花哨之举。

为什么强调一招？

因为一招代表着本质。大道至简，商业讲师若能掌握此招，便是抓住了事物的核心，找到了问题的症结所在。只讲一招，意味着讲师已深入剖析，挖掘出原因背后的真正原因，问题背后隐藏的更大问题。

因为一招实用有效。高手出手，往往只需一招。正如西方所说的第一性原理，一旦找到解决问题的"一"，众多难题便迎刃而解。这一招，如同牵一发而动全身，四两拨千斤，威力无穷。招式过多，只会增加成本，也更容易出错。做得越多，错得可能也越多。过多的招式，往往不是在解决问题，而是在制造新的问题。

因为一招才好学。商业讲师必须认清一个事实：学习其实是反人性的！人类其实并不爱学习，不爱学习才是人类的深层基因。在人类早期，需要狩猎耕种，都是看天吃饭，人类挨饿受冻是常态，连饭都吃不饱，为了活下去，怎会热爱学习？人类必须杜绝一切动脑和胡思乱想，因为这些都相当损耗能量。有人看一场电影可以全身湿透，动脑学习有时消耗的能量远大于体力劳动。因此，古人为了保存精力和能量，是拒绝学习的，他们学习的唯一目的是实用。这就是人的本性，人类既排斥学习，又会为了应对挑战主动学习。

我从事企业培训行业已近20年，每次坐地铁看到年轻人大多在玩游戏、看视频，我多么希望看到他们在努力学习，但我又有什么资格指责他们呢？我自己大部分时间不也是拿着手机刷新闻、刷抖音吗？这就是现实，学习是反人性的，除非学一招，学绝招，学有用的东西。

这对商业讲师来说是个巨大的挑战。很多商业讲师都感到崩溃，他们跟我说："夏老师，我们有很多招，你现在居然让我只出一招，这怎么可能？"

讲师喜欢做加法，喜欢到处搜集所谓的干货工具，甚至闭门造车创造更多工具。但其实，招数太多不仅不能解决问题，反而制造问题。绝招不是想出来的，而是经过长时间磨砺和实践得出的。讲一招考验的是商业讲师在一个领域的深度洞察和实践能力，否则不可能找到主要矛盾和"七寸"。如果找不到绝招怎么办呢？有些人会采取"东方不亮西方亮"的策略，美其名曰"学员只要学一招就赚回去了"。于是到处凑工具，生怕工具少，动不动就是定位100招、销售200招、绩效300招，结果自己练成了"四不像"，成了花架子，最终也把学员给练废了。

那么，什么是好课？好课就是能够给学员换脑的课程，它应该具备讲不同、讲深刻、讲一招这三大标准。商业讲师需要不断努力，逐一克服这些挑战，才能打造出真正的好课。

99%的商业讲师急需改进授课技术

如何讲不同、讲深刻、讲一招呢？这既需要讲师在某一领域经过长时间的磨砺和实践，也离不开其精湛的授课技术。很多讲师尽管在某一领域深耕多年，但授课效果却不尽如人意，原因就在于他们的授课技术落后。

那么，今天的商业课程是如何给学员授课的呢？若用一句话概括，那便是"纪录片"的授课方式。

何谓纪录片授课呢？举个例子来说明。

我们都知道马斯克被誉为"科技狂人",他在2002年投资了一家名为SpaceX的公司,该公司旨在将人类送往火星。为了让世界提前了解火星,马斯克决定请一位导演拍摄一部视频,用以展现火星的风貌。假设这位导演就是你,你会如何拍摄呢?

一般而言,你会将火星这个大主题细分为几个模块,如火星的位置、环境、表面特征以及特性等。

接着,你会对这些模块进行详尽的解释。

例如,谈及火星的位置,你会介绍它是离地球最近的行星,最近时距离地球约5500万公里。

谈及火星的环境,你会提及火星大气中的主要成分为二氧化碳,氧气含量极低,且火星上昼夜温差极大,夏季白天温度可达二十多摄氏度,而夜间则降至零下一百多摄氏度。

谈及火星的表面,你会提到过去人们以为火星上没有水,但现在发现其南极有少量水存在,同时火星表面覆盖着大量干冰等。

谈及火星的特性,你会介绍其直径约为地球的一半,质量仅为地球的十分之一等。

这种将大主题细分成多个模块,并对每个模块进行详细解释的方式,便是典型的纪录片授课。

例如,在讲述人力资源课程时,可以将人力资源分为招聘、绩效、考核、组织架构、人事、培训、薪酬、晋升八个模块,然后对每个模块进行解释、案例分析和工具介绍。

再如,介绍企业时,可以将企业分为文化、团队、设备、客户、供应链、产品等模块,并对每个模块进行深入的阐述。

纪录片授课在过去是典型的TTT培训,与思维导图有些相似。无论是TTT还是思维导图,都是当前很多商业讲师所擅长的。当我收到很多讲师发来的课程框架并请求建议时,我通常会用"纪录片"这三个字来回应。

然而，这样的课程真的吸引人吗？它能否深刻改变人们的认知？能否实现"换脑"的效果？又是否做到了"讲不同、讲深刻、讲一招"呢？

答案显然是否定的。这样的课程不仅无法深刻改变人们的认知，甚至连基本的知识交付都难以实现。纪录片授课最多只能让学员"过脑"，而无法实现真正的"换脑"。

为什么无法换脑呢？因为纪录片授课的本质在于灌输知识。只要是灌输知识，就会带来"双毁"的后果：既毁了学员，也毁了讲师自己。

首先，对于学员来说，这样的授课方式往往无法激发他们的兴趣，导致他们左耳进右耳出，无法真正吸收知识。这实际上是在浪费学员的时间和生命，因为人们普遍不爱学习，学习本身就是反人性的。

其次，对于讲师来说，这样的授课方式往往让他们为了完成课程而敷衍了事，浅尝辄止。拍摄这样的纪录片可能一个月就能完成，但这种授课方式本质上是一种填鸭式教育。讲师只关注自己想说什么，而不关心学员真正想听什么，最终将自己变成了知识的整理者。

然而，我们从小接受的教育不就是这种纪录片式的吗？为什么小学、初中、高中的老师可以这样讲，而商业讲师就不行了呢？

原因在于商业讲师面对的受众是成年人。成年人不同于中小学生，他们无法被考试、死记硬背所驱使。商业讲师没有权力强迫成年人做这些事情，即使在企业内训中也同样如此。一旦使用这些手段，往往会适得其反，导致一地鸡毛。

唯有大片才能换脑

那到底如何深刻改变学员的认知呢？答案不是纪录片授课，而是大片授课。

我们继续以拍摄"火星"为例来说明，除了将其拍成纪录片，你还有一个更好的选择，那就是把这个视频拍成大片。

如果是一部大片，那它一定有一个好故事，而好故事必然需要一个好名字。既然吴京主演的《流浪地球》如此火爆，那我们的视频干脆就叫《流浪火星》。

大片，必然有一条扣人心弦的主线。那么，你想给观众展现一个什么样的感人故事呢？考虑到马斯克希望将人类送到火星，我们可以拍摄一个"人类展现大智慧大团结征服火星"的故事。

那怎么拍呢？

大片一开场，便展现了世界大乱，地球岌岌可危，因为有一颗系外行星即将撞击地球。地球即将毁灭，此时地球上的各种自然灾害纷纷涌现，高温、地震、洪水、海啸，一个接一个地肆虐，人类面临的时间紧迫，仅剩一年，这可怎么办呢？

然而，接下来的大麻烦并非仅仅是地球的毁灭，而是出现了一个势力强大的宗教联盟。真可谓屋漏偏逢连夜雨，船迟又遇打头风。他们宣扬人类即将灭亡是自作孽不可活，人类过去对地球的破坏罪孽深重，现在正是真正开始赎罪的时刻。这个宗教联盟坚决反对任何改变，认为这些改变毫无意义，他们号召人类用这最后的一年时间好好与家人生活，做最后的告别。这一思想得到了很多人的响应，这些人对未来已经完全放弃，每天在宗教联盟的号召下忏悔。

然而，一大群科学家绝不放弃，他们决心要竭尽全力拯救人类。他们以延续人类为最高使命，决定团结更多的勇士，凝聚全人类的智慧，勇敢地迎接挑战。

第一步，毫无疑问，是逃离地球。地球即将毁灭，逃离是必然的选择。那么，目的地又将是哪里呢？科学家经过深入研究，发现离地球最近且相对宜居的星球唯有火星。然而，火星与地球之间的距离即便在最近时也有5500多万公里，即便是使用目前最先进的飞船技术，也需要半年的时间才能抵达。为了尽可能地将更多的人类送往火星，科学家唯有打造更多的巨型飞船。这些飞船不仅要容纳足够多的人，还要携带足够的生活用品，以支持人类在长时间的太空旅行中的生存需求。

飞船终于完工，即将接近火星太空，但新的挑战又接踵而至。科学家惊讶地发现，火星太空中竟然没有氧气，而是充满了二氧化碳，这使得人类无法呼吸。面对这一困境，第二步自然就是太空历险。科学家日夜攻关，最终成功研制出了新型面具。这些面具竟然能够自动将二氧化碳分解为氧气，虽然只是一场虚惊，但无疑是一次惊心动魄的太空历险。

终于，飞船抵达了火星表面，新的问题又摆在了人类面前。火星表面水资源极其匮乏，大部分区域都是干冰覆盖。人类如果没有水，就无法生存。那么，又该如何解决这一问题呢？第三步，无疑是着陆求生。科学家必须尽快找到解决方案。他们夜以继日地工作，为每个人打造了一套"生物水收集系统"。这套系统能够将人类的汗液、尿液等资源进行回收和再利用，实现水资源的自循环。

接下来，就是人类在火星上的家园建设计划了……

这就是大片授课技术的魅力所在！同样的内容，通过两种不同的技术演绎，得出的结果截然不同。尽管纪录片与大片所要分享的知识点相同，但它们的呈现方式有着天壤之别。大片将知识点巧妙地转化为一系列大挑战与小挑战，以及相应的解决方案，让人印象深刻。因此，纪录片可能仅需一个月即可完成，而大片的制作可能需要耗费三个月，甚至一年的时间。

大片以其独特的演绎方式，深刻改变着人们的认知。看完功夫片，人们仿佛化身武林高手，跃跃欲试；看完励志片，即便面对再大的困难，也能瞬间释怀，重燃信心；看完爱情片，心中涌起对浪漫恋情的无限憧憬，觉得生活如此美好；而看完恐怖片，则可能连卫生间都不敢去，生怕有怪物突然冒出。这就是大片的魅力所在，如同优秀的课程一样，能够深刻影响人们的思维和认知。

为什么大片能够深度改变人们的认知呢？

因为大片符合人性。成年人的世界，每天都仿佛上演着灾难片，它并非由一堆堆的知识概念堆砌而成，而是由生活中一连串的挑战与解决方案所构成。我们每天的生活和工作，并非仅仅为了获取知识，更多的是面对问题、解决问题。每一天，我们都在遭遇不同的挑战，解决问题已经成为了我们生活的一部分，早已融入我们的身体基因之中。想象一下，如果你被要求分享关于"手机"的三分钟知识，你可能会感到困惑，不知从何说起。但如果你被问及"如何用手机度过美好的一天"这样的挑战性问题，你或许就能滔滔不绝地讲述。手机明明每天都与我们相伴，但为什么在分享时却难以启齿？原因就在于，人们脑海中的知识，随着时间的推移，往往会被自动遗忘。歌曲《大梦》之所以如此受欢迎，让无数听众为之动容，并非因为其编曲和制作有多么精良，也并非因为任素汐是专业歌手。这首歌长达9分钟，全程都在拷问着人们"怎么办"，因为人的一生，其实就是在不断地追问"怎么办"。

因为大片符合人的思维方式。人们偏爱简单明了、富有故事性和逻辑性的内容。人们热衷于故事，无论是创作故事，还是阅读故事，甚至在夜晚的梦境中，人们都在编织着故事。

大片课程实现了好课的三大标准：讲不同、讲深刻、讲一招。

这是因为大片所分享的并非单纯的知识，而是实际的挑战和解决方案。大片课程的目的并非仅仅传递知识，而是让知识真正为解决具体问题而服务。每位讲师在分享最佳实践时，都会面临不同的挑战，并提出独特的解决方案，这些经验和见解往往超出了学员的现有认知，为他们带来全新的视角和启发。正如电影《流浪火星》一样，不同的编剧和导演会创作出截然不同的故事，给观众带来截然不同的观影体验。

大片课程采用大片演绎的方式，使学员能够深刻铭记所学内容，真正将其内化于心。大片课程围绕一个故事展开，聚焦一招进行深入讲解。例如，通过讲述人类展现大智慧和大团结的故事，我们可以领悟到这是人类应对各种挑战的绝妙策略。

曾经有一位知名的讲师对企培行业的未来深感忧虑。他向我提出了一个问题，他提到："现在众多的企业家和高管都是80后、90后，而我们过去的课程主要是针对60后、70后这一代人设计的。他们缺乏知识，缺乏工具，但能吃苦耐劳，热爱学习。我们对60后、70后的企业家有深入的了解，但接下来，我们该如何调整课程，使其更符合80后、90后企业家的口味呢？未来的企业培训又会朝着哪个方向发展？80后、90后的企业家还会愿意参与线下的课程吗？"

我在任职行动教育的时候，大概10多年前其实就已经在思考这个问题了。我记得，2011年，我们核心管理层曾一同前往韩国的传奇总部进行交流。当时，国内的游戏产业如日中天，陈天桥更是一度成为中国的首富。我们就此展开了讨论，试图探索是否可以将商业课程设计得如同游戏一般引人入胜。尽管我们得到了很多宝贵的建议，但最终我们还是决定放弃这一想法。虽然课程可以借鉴游戏的某些元素，但归根结底，课程与游戏有着本质的区别。

除了游戏，我们一直在寻找能够穿越周期的元素。最终，我们发现，只有大片课程，才能永远保持其吸引力。当时，我分享了自己的两个观点：首先，课程内容必须与时俱进，不断升级；其次，授课方式绝不能是平淡无奇的纪录片，而应该是扣人心弦的灾难片。实际上，无论是60后、70后、80后还是90后，只要是成年人，都对大片情有独钟。

大片课程方法论

　　什么是好课？唯有将课程打造成大片！那么，具体应如何实现这一目标呢？其实，好莱坞梦工厂早已将大片的制作流程化、标准化，形成了一套工业流水线模式。好莱坞历经百年，这套模式早已被市场验证其有效性，我们无须盲目创新，而应深度学习其精髓。

　　好莱坞大片是如何诞生的呢？我们可以将其归结为四部曲。

　　第一部曲：策划。好莱坞大片的制作并非始于编剧或导演，而是策划与选材。这涉及深入研究观众偏好，前期投入大量时间筛选好故事、好题材。策划的难度不亚于导演，因为一个好的故事和题材是成就一部好电影的关键。这些岗位虽看似默默无闻，但其重要性不言而喻。

　　第二部曲：编剧。策划与选材完成后，编剧便粉墨登场。编剧要站在观众的角度，对好故事、好题材进行深度加工，使之引人入胜、精彩纷呈。策划先行，编剧随后，两者相辅相成。

　　第三部曲：导演。剧本经过深度加工后，便进入拍摄阶段。如何让演员将剧本演绎得淋漓尽致，这便是导演的核心职责。优秀的导演能将三流剧本演绎成二流作品，而拙劣的导演则可能将一流剧本糟蹋成三流之作。因此，导演在大片生产中扮演着至关重要的角色。

　　第四部曲：发行。影片制作完成后，最后一步便是发行。如今，若一部影片的发行收入低于1亿元，那无疑将面临亏损的风险。

　　综上所述，一部好电影的诞生离不开四部曲的精心打造：策划、编剧、导演、发行。

好课是如何炼成的

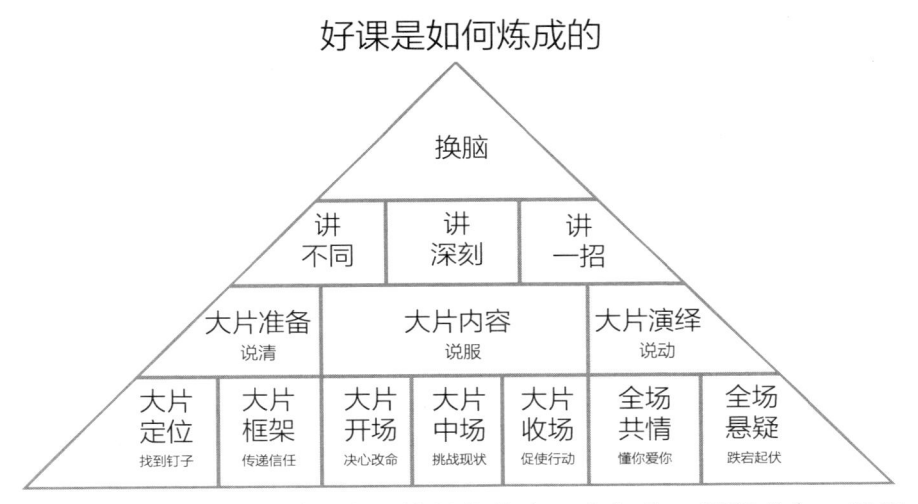

```
                    换脑
            讲不同  | 讲深刻 | 讲一招
       大片准备  |    大片内容    | 大片演绎
         说清   |     说服      |   说动
      大片 | 大片 | 大片 | 大片 | 大片 | 全场 | 全场
      定位 | 框架 | 开场 | 中场 | 收场 | 共情 | 悬疑
     找到钉子|传递信任|决心改命|挑战现状|促使行动|懂你爱你|跌宕起伏
```

那课程呢？课程同样如此，其制作分为四个部分：课程准备、课程内容、课程演绎、课程销售。这四个部分分别与电影的策划、编剧、导演、发行相对应。课程准备先行，课程内容随后，课程演绎紧跟，课程销售则位于最后。实际上，课程准备如同骨骼，课程内容则如同肌肉，课程演绎如同血液，课程销售则如同气息。好的课程应当兼具这些要素，骨骼、肌肉、血液、气息贯穿其中。

课程准备的核心使命在于说清，课程内容的核心使命在于说服，课程演绎的核心使命在于说动，课程销售的核心使命则在于说销。这一过程中，需按照顺序，先说清，再说服，再说动，再说销。若未能说清，则难以达到说服的效果；若未能说服，自然难以引起说动；而未能说动，则说销的成功便无从谈起。

课程准备要说清两件事：课程定位和课程框架。

课程定位要像大片一样，找到钉子。这个钉子，就如同电影大片的精髓，是课程的主线与灵魂。以《流浪火星》为例，其钉子便是"人类展现大智慧大团结"，这一主线始终贯穿全片，成为人类战胜一切困难的关键所在。同理，课程也应如此。

课程框架要像大片一样，传递信任。框架的构建，应使人在观看介绍后便产生浓厚的兴趣。以《流浪火星》为例，其框架包括逃离地球、太空历险、着陆求生、家园计划等部分，这样的框架设计比单纯的《火星》纪录片更能激发观众的兴趣。课程同样如此，一个精心设计的框架能够传递信任，吸引学员。

课程内容要说服学员，主要围绕三个方面展开：课程开场、课程中场、课程收场。在有了课程框架的基础上，如何填充好每个点的内容，并用这些内容说服学员呢？我们可将每个点的内容细分为开场、中场和收场。若每个点讲解时间为90分钟，那么需要仔细规划开场、中场和收场的内容，以确保能够说服学员。

课程开场要像大片一样，让学员决心改命。开场要像电影大片那样，一开始就给观众呈现一个巨大的挑战，让观众与主人公一同决心改命。以《流浪火星》为例，开场便展示地球即将毁灭、灾难频发的场景，观众自然会为人类的命运感到担忧，并期望人类能够战胜这一挑战。课程也应如此，开场便要让学员决心改命，这是说服的第一步。

课程中场要像大片一样，引发学员挑战现状。中场也要像电影大片那样，敢于挑战权威和现状。以《流浪火星》为例，尽管地球面临毁灭，宗教联盟却主张安于现状、等待死亡，这种观点得到了很多人的支持。然而，一群科学家勇敢地挑战了宗教联盟的观点，他们决心拯救人类。课程也应如此，要解决问题、实现目标，往往需要正视并挑战现状。只有让学员正视并挑战现状，才能实现目标、解决问题，因此挑战现状是说服的第二步。

课程收场要像大片一样，促使学员行动。收场也要像电影大片那样，精心策划行动方案。以《流浪火星》为例，科学家精心策划了逃离地球、太空历险、着陆求生和家园计划等一系列行动。课程也应如此，最终要引导学员付诸行动，解决问题。因此，促使行动是说服的第三步。

课程演绎要说动，核心在于围绕两件事：全场共情和全场悬疑。当剧本已经创作完成，如何将其演绎得引人入胜呢？关键在于共情与悬疑的营造。从开场到中场，再到收场，通过持续的共情与悬疑，我们能够有效地说动学员。

全场共情要像大片一样，懂你爱你。以《流浪火星》为例，尽管故事是虚构的，但我们能感受到其中的紧张氛围，这是因为故事成功地引发了我们的共情，让我们仿佛身临其境。课程亦应如此，全场需要与学员共情，让学员理解你、认同你，甚至懂你爱你，这是课程演绎的最高境界。

全场悬疑要像大片一样，跌宕起伏。在《流浪火星》中，主人公们不断面临新的挑战，每一个挑战都拷问着人类的智慧和勇气。课程也应如此，全场应保持悬疑氛围，让学员的心情随着课程的进展而跌宕起伏，深陷其中。

最后，课程销售的核心在于说销，要追求大片一样的大卖效果。

课程作为商品，好的商品自然需要好的销售策略。同时，课程也是一部大片，既然是大片，那么它必定要取得大卖的成绩。

大片课程的整个制作过程就像这张图，即先说清、再说服、后说动。

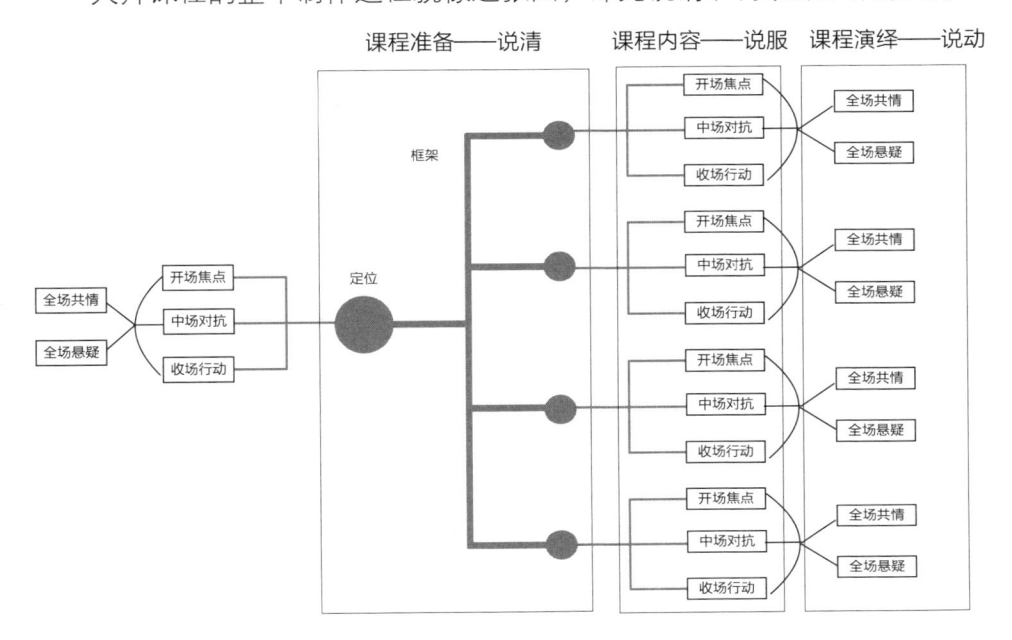

你的课是换脑大片课吗

因此，什么样的课程能够实现换脑呢？答案就是将课程打造成一部大片。

换脑首先从课程定位开始。商业讲师能否将课程内容浓缩成一句话，使学员在听完课后能牢牢记住这句话。如果这点都无法做到，那么课程就无法深刻改变学员的认知，也就无法实现换脑。讲师不妨自问，你们做到了吗？学员听完你们的课，他们真正记住了什么呢？

换脑对课程框架有高要求。一个能够换脑的课程框架，往往能让人们一眼便看出讲师的专业水平，进而产生信任。这样的框架才能为学员所信赖。如果框架无法赢得信任，那么课程就无法深刻改变学员的认知，也就无法实现换脑。讲师不妨自问，你们的课程框架是否做到了这一点？

换脑对每一次开场也有高要求。开场必须让学员产生改命的决心，明确自己的使命，并激发他们的高标准高要求。如果无法做到这些，课程就无法深刻改变学员的认知，也就无法实现换脑。讲师不妨自问，你们每次的开场是否达到了这样的效果？

换脑对每一次中场也有高要求。中场应该挑战学员的现状，换脑并非直接解决问题，而是从对现状的深刻反思开始。没有对过去的错误有深刻的认识，就不可能有新的认知，也就无法实现换脑。讲师不妨自问，你们每次的中场是否达到了这样的效果？

换脑对每一次收场也有高要求。收场应该有效地促使学员采取行动，这就需要找到关键的一招。过多的招数不仅不能解决问题，反而会制造问题。因此，最终换脑是否成功，就看学员是否承诺并采取行动。如果学员无法承诺并行动，就意味着换脑并未成功。讲师不妨自问，你们每次的收场是否达到了这样的效果？

所以，任何课程，只要做成大片，一定能给学员换脑，一定能大卖。

很多讲师常邀请我为其课程评分，其实过程相当简单，只需认真回答以下八个模块的问题：

- 课程定位：一句话能说清并刻进学员脑海吗？
- 课程框架：看完框架后，学员是否愿意跟随你，并尝试找到你？
- 课程开场：开场是否能让学员下定决心，准备改变？
- 课程中场：中场是否敢于挑战学员的现状并实现大的突破？
- 课程收场：学员是否精心策划了行动方案，确保内容落地实施？
- 全场共情：学员是否真的懂你爱你，并想成为你？
- 全场悬疑：学员是否在全场情绪起伏，深陷其中？
- 课程销售：课程是疯狂推销，还是像大片营销？

实际上，判断一堂课是不是好课，就基于这八个问题；同样，判断一个讲师是否达到大师水平，也依据这八个问题。我可以肯定地说，按照这些标准评估，很多课程都难以达到及格线，难以拥有长期的商业价值。因此，讲师必须努力改变。你是大师还是普通讲师，一测便知；你的课程是大片还是纪录片，一测便知；你是渴望成为雄鹰还是满足于成为苍蝇，一测便知。

用大片天龙八部解构《2012》

《2012》是2009年上映的一部好莱坞大片，上映仅20天，全球票房便突破4亿美元。很多商业讲师对如何制作大片课程感到困惑，我通常会建议他们仔细观看这部电影。《2012》完美地展现了大片天龙八部的精髓，确实，大片的制作都有其内在的套路和公式。

大片定位：主人公不屈从于命运，带着家人勇敢地闯入诺亚方舟以求重生，整个影片紧紧围绕着这一主线展开。

大片脉络：发现秘密，寻找地图，西藏之旅，潜入方舟，战胜灾难，最终获得重生。

震撼开场：太阳活动异常，各种自然灾害频发，人类面临灭顶之灾，全球最终将被海啸摧毁一切。而唯一的生存之路就是进入那艘规模有限的诺亚方舟，但代价却是每人需要支付高达1亿美元。

这部影片的开场便塑造了一个巨大的挑战，使观众仿佛置身其中，感同身受。尽管这只是一个虚构的挑战，但观众会真切地感受到其紧迫感，开始担忧人类的命运，甚至希望自己也能有机会进入诺亚方舟以躲避即将到来的世界毁灭。

冲突中场：政府采取极端措施掩盖真相。因为诺亚方舟的容量有限，每个方舟最多只能容纳1000人，而全球人口却高达70亿人。面对这样的困境，政治家提出了一个方案：每张方舟门票售价为10亿欧元，无法支付的人只能等待死亡。这个方案是否合理？影片中的主人公对此表示强烈反对。他没有足够的资金，也不接受这种等死的方案。他深爱着家人，因此决定要保护他们，勇敢地带领家人闯入诺亚方舟。整部影片围绕这一核心冲突展开。

行动收场：发现秘密，寻找地图，西藏之旅，潜入方舟，战胜灾难并最终获得重生。

全场共情：主人公虽然生活中屡遭挫折，妻子离他而去，孩子对他冷漠，写的小说也无人问津，但这些都不足以击垮他。他对家人的爱和对生活的乐观态度感染了观众。观众在观影过程中会与主人公产生强烈的共情，甚至会产生一种感觉：即使地球毁灭也没关系，只要主人公能够平安无事就好。这就是共情的力量！

全场悬疑：价值数亿美元的画作如何被调包？顶尖的科学家为什么被谋杀？时间紧迫，必须驾驶飞机前往西藏，但无人会驾驶怎么办？飞机飞到中途（日本）时突然没油了，又该如何应对？诺亚方舟即将撞击冰山，但舱门还未关闭，这该如何是好？这些悬疑让观众始终保持着紧张与期待，为影片增添了更多看点。

用大片天龙八部解构"芈月军前演讲"

我强烈推荐商业讲师观看《芈月传》中的一段，即芈月平定内乱后，对大秦将士进行的鼓舞士气的演讲。尽管只有短短6分钟，但每次观看都能让我这个一向理性的人热血沸腾。她是如何做到的呢？短短几分钟，却足以构成一部震撼人心的大片！

大片定位：捍卫新法，光宗耀祖，使秦国更加强大。整个6分钟的演讲，正是紧密围绕这一主线展开。

大片脉络：你捍卫，我捍卫，大家共同捍卫！

开场——促使决心改命：首先明确使命，"当兵即意味着保家卫国与建功立业！你们当兵的目的，不就是为了保家卫国、建功立业吗"。接着描绘愿景，"建功立业方能光宗耀祖，不仅能改善自己的生活，更能为家人带来荣耀"。最后指出挑战，"那么，建功立业是否容易呢？当然不易！你们需要追随英明的君王，维护论功行赏的新法，但你们做到了吗"。

中场——促使改变现状：你们维护旧法、军功无法带来家族的荣耀，反而沦为贵族的鹰犬，助纣为虐，使得旧族胡作非为。因为维护旧法，实际上是在维护贵族的世袭制度。那么，你们应该如何行动呢？答案就是捍卫新法！捍卫新法，就是捍卫论功行赏的公平原则，你们应该将忠诚献给公正、荣耀的君王。

收场——促使学员行动："我承诺，任何触犯秦法者都将受到惩处。秦国的一切都属于你们和你们的儿女，你们可以成为上上造、关内侯，你们敢不敢争取，敢不敢做到？"

全场共情：芈月用她的语言与士兵共情，如描述士兵的艰辛"沙场浴血，卧冰尝雪，赴汤蹈火"，句句戳中士兵的心。同时，她通过抑扬顿挫的声音、充满激情的巅峰状态，给士兵们带来希望，这就是共情的力量。在整个演讲中，芈月很少用事实或道理来说服士兵，而是更多地传递自己的感受。

全场悬疑：芈月并非独自演讲，她不断与将士们互动，制造悬念。比如问他们："你们当兵是为了什么？你们现在又在做什么？你们敢不敢争取更好的未来？"

这段视频，我每次观看都被深深震撼，总会莫名其妙地感到激动。芈月的演讲遵循的正是大片天龙八部。

总结

1. 商业课程的使命就是换脑

2. 换脑的价值：唯有换脑才能实现改变，唯有换脑才能改变命运

3. 好课的三大标准：讲不同、讲深刻、讲一招

4. 99%的商业课程如同纪录片，它们无法实现换脑的目的，甚至无法有效传递知识

5. 唯有大片课程，才能深刻改变人的认知，因为它们符合人性，符合人的思维方式，并激发人的挑战精神

6. 大片课程的方法论：大片天龙八部

- 课程定位，找到钉子
- 课程框架，传递信任
- 课程开场，决心改命
- 课程中场，挑战现状
- 课程收场，促使行动
- 全场共情，懂你爱你
- 全场悬疑，跌宕起伏
- 课程销售，卖一个亿

好课定位

第 1 章

重新定义课程定位

课程不定位，讲得再好，效果也等同于零分。

课程不定位，切勿急于进行授课。

课程不定位，授课将仅仅是为了讲课而讲课。

那么，什么才是好的课程定位呢？针对给学员换脑的课程，其定位又该如何呢？

好的课程定位需要"找到钉子"！换脑的过程，正是从找到这个"钉子"开始，并将它深深钉入学员的脑海中。

这个"钉子"是什么呢？它就像数字"1"，讲师需要找到自己的那个"一"。这个"一"代表取一舍九，代表第一性原理。尽管你可能有很多想要表达的内容，很多想要传授给学员的知识，但学员更关心的是，如果他们只想学"一"，那么这个"一"会是什么。

这个"一"就是一个点，它需要你将三天的教学内容浓缩成一个点，一句话，然后将这个点像钉子一样牢固地植入学员的脑海中。学员一想到这个点，就能联想到你，反之亦然。例如，我将这三天的内容提炼为"大片换脑"这个点，当学员们想到"大片换脑"时，就会想到我。

这个"一"也是"一箭穿心"的锐利，它直接触及学员的心灵，既尖锐又坚硬，无坚不摧，充满力量，让人一听就能感受到强烈的震撼。

这个"一"还意味着"一直敲"，我们需要不断地强调和深化这个点，确保它深深烙印在学员的脑海中，让他们终生难忘。

只有钉子才能进入学员的头脑

为什么要把三天的课程内容浓缩成一个"钉子"呢？因为唯有钉子才能进入学员的头脑。

为什么这么说？

人脑本能地抗拒外界输入

现今，人们的头脑就像一座坚固的堡垒，本能地抵触任何形式的输入。

当你试图向它推销商品时，它本能地回应"我不需要"；

当你想要分享一个知识时，它本能地拒绝"我对此不感兴趣"；

当你分享一个观点时，它本能地反驳"你是错的"。

总之，它抵触一切，拒绝改变，这就是人的头脑！

你不得不佩服人脑的自我保护能力，对过去的习惯和认知的依赖是如此之深。学员的头脑也如同坚固的堡垒，自我封闭，拒绝任何外来信息的侵入。

有讲师曾向我表示，夏老师，你的讲解让我深有体会。有时我还没来得及开口，学员的眼神和表情就已经透露出"我不需要""我不认同"的信息，有时话说到嘴边，却难以继续。

这究竟为什么呢？原因在于人脑本能地抗拒外界输入。再加上现今的学员多次受骗，对信息更加警惕，这进一步强化了他们抗拒输入的本能。

那么，我们该如何应对呢？唯有将三天的课程内容浓缩成一句精练的话，并将这句话打造成一颗锐利的钉子，不断敲击学员的头脑，才有可能在他们的思维中打开一道缝隙，为我们进入他们的心智提供可能。

一亿中流刘海峰老师的"高维战略"中的钉子是"顺势借力"。在早期，他担心这个观点重复过多会引起学员的反感，于是我们进行了一次试验，将三天课程中这个观点的重复次数减半。一个月后，我们回访了20位对我们非常满意的学员，请他们用一句话总结高维战略的核心内容。令人惊讶的是，这20位学员中竟无一人提及"顺势借力"，他们只是觉得高维战略令人震撼，但具体为什么震撼说不清楚。正是基于这次经历，刘海峰老师坚定了在各种场合重复"顺势借力"这四个字的决心。如今，刘海峰老师已成为抖音和视频号上的知名大V，拥有1500多万名粉丝。每当他发布视频时，几乎都会强调他的观点"顺势借力"。正是这一与众不同的观点，使他在众多网红中脱颖而出。

信息爆炸

为什么要将内容浓缩成一颗钉子呢？原因在于今天的信息量呈现爆炸式增长。我们每个人都被各式各样的信息所包围，手机、互联网已经赋予了全世界每个人传播自己观点的能力。再加上抖音、快手等传播手段，信息的传播更加迅速和广泛。如今，除了睡眠时间，人们几乎都在接触各种信息。

与十年前相比，现在的信息量之大、传播速度之快有着天壤之别。每个人都被卷入其中，无法置身事外。对大多数人来说，手机已经变得和粮食、空气一样不可或缺。

面对如此多的信息，你如何在学员的脑海中留下深刻印象，占据一席之地？想象一下，你在三天内会讲多少句话，传递多少信息？然而，学员的头脑现在已经承载了太多信息，你还想把更多的信息塞进去，这几乎是一个不可能完成的任务。

心智有限

在特劳特定位理论中，一个核心观点是人们的心智容量有限，难以记住过多的信息。人脑倾向于排斥复杂，偏爱简单。这一观点如今已被多数商家所接纳，市场上流通的商品普遍重视定位，力求将商品信息以简洁明了的方式植入消费者脑海。

众多企业在研发产品时，首先进行的是定位工作，即明确客户选择该产品的核心理由。举例来说，怕上火则选王老吉，追求驾驶乐趣则选宝马，需要舒适乘坐则选奔驰，经常用脑则喝六个核桃——这些定位广告至今仍然深入人心。

那么，商业课程是否也需要定位呢？

要回答这个问题，我们首先要明确商业课程是否属于商品范畴。显然，它是。而且，商业课程的定位相较于其他商品而言，显得更为重要。因为即便其他商品没有明确的定位，至少还能以实物的形式呈现，让人能够触摸到。然而，课程却无法在短时间内向学员全面展示三天的内容。因此，用一句话说清课程定位显得尤为重要。

我在分享课程定位的重要性时，有位讲师表示不以为然，他认为自己即使没有明确的课程定位，也讲了多年课程。我笑着回应："没错，您没有明确的课程定位，却依然讲了很多年课程。但这并不是一件值得骄傲的事情。那么，您的课程效果如何呢？"这位讲师顿时无言以对。产品开发前，我们必须明确目标受众和要解决的核心问题，即定位，这样才能围绕定位设计产品功能，配置战略要素。授课亦是如此，首先要明确授课对象及要解决的核心问题，并清晰地传达出来。否则，课程将显得杂乱无章，缺乏明确的主题和方向，难以达到预期的教学效果。

课程好定位的标准：一句话

把课程定位精炼成一颗钉子，这究竟有多难呢？确实难，难点就在于"一句话"。判断课程定位是否精准，关键就在于能否用一句话说清楚。

一句话说清楚，堪称珠穆朗玛峰的世界级标准。

一句话说清楚，必须能够概括三天的课程内容。

对于你而言，这句话就是你的核心观点、底层逻辑和解决方案，是你的方法论。只有这句话说清楚了，你才能找到自我定位。你需要像钉子一样将这一招深深植入学员的脑海中，使他们一想到这一招就联想到你，反之亦然。例如，我希望别人一提起夏晋宇，就能联想到我的核心一招"大片"。

对于客户而言，这句话就是他们最大的痛点，也是你需要为他们解决的问题。这个价值点是客户所渴望的，愿意为此买单。你要让学员一想到你就联想到这一痛，反之亦然。例如，我希望别人一提起"换脑"就能想到我。

对于竞争对手而言，这句话则代表了你与他们的不同，甚至与主流观点的差异。你需要将这个最大的"不同"像钉子一样植入学员的脑海中，让他们一想到你就想到你的最大的"一不"。例如，我打磨课程的最大的"一不"，就在于"大片"，我希望别人一提起夏晋宇，就能想到我与其他讲师的这一大不同。

简而言之，这一句话不仅说清了三天的内容，还说清了讲师、客户和竞争对手的形象。

"一招""一痛""一不"三者合而为一，形成了"你有病，我有药，就我有"这句话，这就是所谓的课程定位。我们需要将这一句话变成一颗钉子，在课程上不断重复，至少1000次、10000次，直至深深钻进学员的脑海。

为什么要一句话说清？因为如果一句话说不清，十句话也未必能说清，甚至三天的时间也可能无法说清。

为什么要一句话说清？因为这句话就是"你有病，我有药，就我有"，它凝练而精准，是深入学员内心的关键。

为什么要一句话说清？因为一句话说清，就是为了让它能像钉子一样，深深地钉在学员的脑海中。

说不清的本质是：不用心、不专心

但这对很多讲师而言，挑战无疑是巨大的。

讲师的第一大挑战是"说不清"

当我向讲师提出只能用一句话来概括时，很多讲师都感到困惑和无助，他们的本能反应是"不可能"。

"夏老师，我三天有十万句话，你居然要我把这些浓缩成一句话，不可能！"

"夏老师，我的课程包含很多招，你却只让我讲'一招'，不可能！"

"夏老师，我的课程旨在解决众多问题，你却要求我只解决'一痛'，不可能！"

"夏老师，我和其他讲师在教学上有很多不同，你却希望我只强调一个特色，不可能！"

尽管很多讲师对此表示不满，但我们要明白，讲师三天的内容与中国二十年要完成的事业相比，只是冰山一角。然而，习近平总书记仅用三个字——中国梦，就清晰地传达了他的理念。

讲师的第二大挑战是"找借口"

有些讲师在被我逼问时，会找各种借口来推脱，比如商业课程与其他产品不同，不需要进行定位。

这种观点显然是错误的，但它似曾相识。过去，当讲师试图传播某个理论时，学员也会用类似的借口来反驳，如"我们的企业情况不同""我们的产品有其特殊性""我们的团队有自己的特点""我们的行业有独特之处"等等。如今，这种情况也出现在了讲师自己身上。

我曾陪同一位知名的养生商业讲师去云南拜访一家绿色种植企业。这位讲师一开始就问这家企业的定位是什么。但当我后来问他还记得当时的提问吗？他却回答说忘记了。我提醒他，他问的第一个问题就是"你公司的定位是什么"。他有些惊讶，但随后又表示这很正常。我告诉他，我们第一次见面时，我也问过他同样的问题，但他当时并不感兴趣。他随即表示，商业课程与其他产品确实有所不同，因此不需要定位。当我询问他具体的理由时，他给出了一系列与定位无关的解释。

我发现，不仅是定位理论，还包括战略、竞争、品牌、营销、阿米巴等概念，讲师总认为这些理论在培训行业中不适用，是例外情况。更令人惊讶的是，即使是讲授这些主题的讲师，也持有相同的观点。我们向别人传播商业规律和常识，但对自己，却认为培训行业是个例外。

讲师的第三大挑战是"没耐心"

讲师之所以会找借口，本质上是因为他们没耐心。寻找课程的"钉子"既考验专业，又考验专注。很多讲师没有坚定的决心，一旦遇到挫折,找不到定位就轻易放弃。

有些讲师告诉我,他们宁愿用这些时间去拓展经销商、培训员工或服务大客户。但很多讲师并不明白,如果一句话说不清楚,那么十句话甚至三天也很难讲清楚。不信,你可以试试看。

我曾服务过一位知名的商业讲师,他因阅读了我的《大师是怎样练成的》而找到我。在为他设计课程时,我强调首先要用一句话说清课程定位。起初,他觉得很重要,但随着工作的深入,他逐渐感到不满和焦虑,甚至想要放弃。他开始找各种理由,认为一句话说清课程定位并不重要,我们应该尽快进入下一步。我反问他,那他觉得什么才是最重要的?他回答说,把课程卖出去才是最重要的。于是,我们开始探讨如何销售课程。当我问他现在销售课程面临的最大挑战是什么时,他提到代理商数量不足。尽管他的代理商已经是行业中的佼佼者,但他仍认为这些代理商的能力不够,无法有效地向客户传达课程的价值。我提议让公司的员工为代理商提供培训,但他又表示员工也说不清楚。当我建议他是否可以先用一句话向员工说清楚时,他突然意识到我们一直在绕圈子。因此,不明确课程定位会带来无穷的后患。

讲师的第四大挑战是"没决心"

为什么讲师没耐心?根源在于没决心。一句话说清,这背后考验的是讲师对一个领域十年磨一剑的专注精神,是对该领域的深入洞察和实践,更是对该领域怀有的深厚情感和狂热。

那么,今天的讲师对自己的领域是否真正做到了十年磨一剑呢?还是只是浅尝辄止,频繁更换领域和赛道?有多少讲师愿意花费十年时间去深入研究一个领域?

但一旦只是浅尝辄止，对所在领域的认知不够深刻，就不可能获得好的定位，也就难以找到那颗关键的"钉子"。

这正是如今很多讲师所面临的挑战。很多讲师涉足多个领域，都有所研究，因此迟迟无法为自己找到清晰的定位。对他们而言，放弃任何一个领域都觉得可惜。然而，这样的讲师往往难以取得大成就，因为每个领域都需要深入研究和实践，理论需要不断升级以顺应时代变化。但每个人的时间和精力都是有限的，不可能成为超人。

我有一位好友，如今是讲战略的讲师，他不仅具备专业功底，实战经验丰富，还深受学员认同，在业内享有良好口碑。我们初次见面时，他打开电脑向我展示他的内容，说："夏老师，我的内容还是很多的，你看我应该讲哪块？"他展示了股权、战略、组织、商业模式、品牌营销、绩效考核等多个方面的内容，PPT演示了近三个小时。其间我几次想打断，但他还是坚持展示完。或许他想让我全面了解他，但我早已失去耐心。我直截了当地告诉他，他必须做减法，必须改变，必须有所为有所不为。什么都想精通，最后往往每个都无法做到极致。他不可能打造一门出色的商业课程，因为每个领域都需要投入时间去研究和实践。他必须做出取舍！如果他不能取舍，我真的无法帮助他。最终，他接受了我的建议，决定专注于"战略"这个领域。仅仅三年时间，他在战略领域获得了极高的口碑。他以前的同事、同学、客户见到他都觉得不可思议，因为他的变化太大了。现在我们在一起时，我还经常拿他当年的"壮举"开玩笑，他每次都哈哈大笑。我可以肯定地说，那个下午的谈话以及他的决定，对他的人生轨迹产生了深远的影响。

只要别人给课酬，不论什么课都讲；

只要别人有需求，不论什么课都讲；

只要别人给机会，不论什么课都讲。

这样的讲师真的多吗？我曾经以为不多，然而后来我发现，他们其实真的不少。有些讲师，既是企业文化专家，又是组织管理专家，还是销售管理专家，同时还是品牌运营专家和销冠打造专家，这实际上带来了很多困扰。无论他们的背景有多么强大，这样的做法都只会消耗他们的未来成长潜力。明明他们手握一副好牌，最终却打得一塌糊涂。

我们总是既想要这个，又想要那个，既不想放弃这个，又舍不得那个。但正如行动教育的李践老师所说：世上安有双全法？研究其他领域确实是有必要的，但这种研究应该是为了更好地服务于自己擅长的领域，而不是频繁更换赛道，更不是转移兴趣。

99%的商业课程只有课程主题

每当我见到讲师，总会询问他们讲授的内容。

他们通常会告诉我，夏老师，我讲品牌，我讲战略，我讲人力资源，我讲招商，我讲绩效管理，我讲财税，我讲销售。接着，我会进一步追问，比如，讲战略的讲师那么多，你与他们有何不同？讲财务的讲师也不在少数，你又与他们有何区别？这时，大部分讲师会花费不少时间来解释，但很明显，他们没有定位，只有课程主题。

有时，讲师会急切地向我展示他们的课程内容，并请求建议。我总是建议他们少安毋躁，先一起探讨他们真正想讲授的内容。他们常会很客气地说："夏老师，我的课程名字已经定好了，比如绩效管理，我就讲这个，您的时间很宝贵，我们先看内容吧。"但我仍会建议他们暂时放下课程名称，因为我发现，大部分讲师其实并未做好充分的准备。课程名称与课程的核心内容，往往并非一回事。

当讲师试图用一句话说清三天的课程内容时，他们常常误以为直接使用"课程主题"是最便捷的方法，如品牌战略、竞争战略、总裁管理、品牌定位、财税管理、战略模式、打造销售体系、引爆增长、人力资源管理等。

然而，课程主题并不能像钉子那样深入学员的脑海。

因为课程主题是通用的，每位讲师都可以使用。你讲人力资源，别人也可以讲。这样的主题，无法成为独特的钉子，即使你重复讲一万遍，效果也有限。

因为说了等于没说。这就像我们问卖大米的企业，他们卖给谁？如果回答是"卖给吃大米的人"，这样的回答等于没说。我们需要更具体的定位，比如卖给早餐用、正餐用，还是特定人群如运动员或企业食堂。课程主题也是如此，仅仅说"我讲战略管理，我讲人力资源"，与卖大米的逻辑并无本质区别。

因为主题并不是主线。主线是能够把散落的珍珠完美串起来的线索。但课程主题往往无法承担这一角色。例如，如果你讲火星这个主题，可能会花一天时间去讲地球，因为地球是火星的邻居，这似乎没有偏离主题。然而，这样的做法会导致课程内容东拉西扯，浪费时间。

因为课程主题既不符合"一招"，也不符合"一痛"，更不符合"一不"。它无法清晰地展示你的核心一招是什么，你要解决的一痛是什么，以及你与对手的一不在哪里。因此，课程主题并非我们所说的"钉子"。

我曾听过一位讲品牌的讲师的课程，他讲得相对不错。课后，他诚恳地请求我给予建议。我告诉他，您在品牌领域研究了十年，也曾是多个培训平台的头牌讲师，但学员听完您的三天课程后，能记住什么呢？如果您讲了十年，学员听了十年，但他们对您的印象

仅仅停留在"讲品牌的讲师",那就麻烦了,因为讲品牌的讲师很多。您之所以没有形成自己的品牌,就是因为缺乏明确的钉子和定位,只有课程主题。这是我给您最大的建议。

课程定位也不是数字游戏

数字游戏也并非钉子。如今很多讲师热衷于数字游戏,认为数字能够高度概括他们三天的课程内容,比如绝代双骄、阴阳太极、三驾马车、四位一体、五步连贯、六脉神剑、北斗七星、天龙八部、九阴真经、十面埋伏。然而,这导致现在数字根本不够用,甚至金庸武侠小说中的招式也被搬上了培训舞台,金庸肯定未曾想到他的武侠世界会在培训行业展现新风貌。

这些朗朗上口的数字游戏,其本质究竟是什么呢?其实就是数字本身!六脉神剑的本质就是数字6,天龙八部的本质就是数字8,它们并无其他深层意义,最大的价值可能只是让学员对你的步骤印象深刻。但真正的钉子并不是这些数字,而是数字背后所代表的核心观点、高度概括和核心思想。

我曾与一位绩效改进的讲师交流,问及他的课程定位,他回答说是六脉神剑。我反问为什么不称之为七剑下天山,因为听起来似乎更为厉害。他困惑地看了我许久,然后解释说他的课程仅有六个步骤。我指出,六脉神剑的本质只是数字6,并无其他特殊含义,因此它并不能作为课程的定位。尽管听起来很吸引人,但它只是数字,唯一的作用是让学员记住课程有几个步骤。

我曾给讲师布置作业，要求他们找到自己的钉子。其中一位讲资本的讲师兴奋地表示，他终于能清楚表达自己的课程了，他的资本课可以概括为北斗七星，即他有七个资本杠杆的方法。然而，过了几天他情绪低落地打来电话，说北斗七星这个表述不行。我询问原因，他告诉我很多人都在使用北斗七星这个说法，他在课堂上讲时，有销售员指出其他公司也在讲北斗七星。我安慰他，北斗七星只是代表数字7，并无特殊意义，任何人都可以使用。重要的是北斗七星背后的核心思想，而非这个数字。

还有一位讲师将他思考了三天的课程定位发给我，看完后我真是哭笑不得，也佩服他的创意。他的定位是五花八门，因为他将课程分为五个模块，每个模块有八个步骤。他觉得自己这个想法很了不起。我告诉他，这只是数字游戏，他苦思多日得出的结果其实只是数字而已。他解释说他找不到更满意的表述，唯有五花八门让他觉得眼前一亮。

因此，将数字游戏当作钉子，表面上看似简单方便，但其背后的本质反映了讲师的不专业和不用心。

"解决问题"才是课程钉子

```
        解决问题
         ┌──┴──┐
❶ 你的解决方案是什么  ❷ 你要解决的挑战是什么
```

那什么才是课程的钉子呢？答案很简单，就是四个字——"解决问题"。

这四个字看似简单，实则内涵丰富，它包括两部分内容：解决方案和挑战，即你具体"用什么解决方案来解决什么挑战"。因此，课程的钉子就是需要用一句话说清"解决问题"，即"你到底解决了什么挑战，具体的解决方案是什么"。

下面，我们通过一些例子来具体说明如何一句话说清"解决问题"。

- 特劳特定位：在客户心智中注册成为客户首选。解决方案是"心智注册"，挑战则是"成为客户首选"。
- 波特战略：用五力模型在产业中赢得最佳位置。解决方案是"五力模型"，挑战则是"在产业中赢得最佳位置"。需要注意的是，五力模型的核心并非数字"5"，而是"力"的概念。
- "夏晋宇大片课"：大片换脑。解决方案是"把课程做成大片"，挑战则是"换脑"，即改变学员的思维方式。
- "高维战略"：顺势借力才能改命。解决方案是"顺势借力"，挑战则是"改命"。
- 加多宝凉茶：用凉茶解决预防上火的问题。解决方案是"凉茶"，挑战则是解决"预防上火"的问题。
- 滴滴出行：移动智能匹配让出行随时随地随叫随到。解决方案是"移动智能匹配"，挑战则是实现"随时随地随叫随到"的出行服务。

综上所述，用一句话说清解决问题，就是要分别用一个字眼来说清解决方案和挑战。那么，如何判断解决方案和挑战是否说清了呢？这就需要我们根据具体情况来制定清晰明确的标准。

一个字眼说清"解决方案"的标准

一招制胜。解决方案只有一招，多一招意味着多一套解决方案，所以好的老师和课程必须取一舍九，找到核心中的核心，关键中的关键。解决问题只有一招，只有一个解决方案。例如，特劳特定位的心智注册、"夏晋宇大片课"的"把课程做成大片"、"高维战略"的"顺势借力"以及加多宝的"凉茶"等，它们均是通过一个精准的字眼来阐述其独特的解决方案。

共性贯穿。之所以强调只有一招，并非指解决方案仅限于一个动作，而是强调这些动作间存在共性。正是这些共性，使得它们能够整合为一招，形成一个统一的解决方案。如果缺乏共性，那么解决方案就会显得零散，由很多拼凑的动作组成，这样就无法称之为一个完整的解决方案或一招，而是多个零散的解决方案。例如，特劳特定位的方法论，虽然看似包含众多方法和步骤，但它们都围绕"心智注册"这一核心共性展开；同样，"夏晋宇大片课"的方法论也体现了这一特点，尽管方法和步骤众多，但它们都基于"把课程做成大片"这一共性展开。

底层逻辑支撑。也就是说，这个用来阐述解决方案的字眼，它不仅仅代表着一招，也不仅仅是方法论的共性，它更是解决问题的底层逻辑。这个共性，实质上就是我们的底层逻辑，它是对讲师和课程方法论的高度概括，集中体现了讲师的核心思想和观点。

与解决挑战直接高度相关。你的解决方案必须明确指向所要解决的问题，而不是手握一堆方案却不清楚要解决什么。这样的做法显然是荒谬的。你的解决方案必须与所要应对的挑战紧密相关，并在逻辑上保持一致。例如，特劳特定位的"心智注册"与"客户首选"两个概念，从逻辑上看就具有高度的相关性，彼此自洽，这样的表述才符合我们的要求。

挑战主流观点。你的解决方案必须区别于竞争对手。例如，特劳特定位于通过心智注册来赢得客户首选。然而，在当时的背景下，主流观点普遍认为提升品质才是赢得客户首选的关键。特劳特定位的提出，与这一主流观点形成了鲜明的对比和区隔。

一个字眼说清"挑战"的标准

一个问题。不是试图解决多个问题，而是聚焦于解决一个问题，将整个课程的精力和资源都集中在一个挑战上。例如，特劳特定位要解决的挑战是"客户首选"；"夏晋宇大片课"要解决的挑战是"换脑"；"高维战略"要解决的挑战是"改命"（选择不同，命运迥异，只有重大的选择才能改命）。他们的共同点在于都聚焦于一个问题。

客户关注的焦点。这意味着问题的提出并非基于个人的主观臆想，而是需要站在学员的角度，深入他们的内心世界，用他们的视角来观察世界。很多讲师虽然手握众多解决方案，但要么不明确要解决的问题是什么，要么在尝试解决自己凭空想象出来的问题。例如，特劳特定位之所以要解决"客户首选"的问题，正是因为这一问题得到了众多企业家的深切关注。

振奋人心。这表示要解决的挑战不仅仅是客户所关注的，而是高度关注的。为什么能振奋人心？是因为这个问题确实存在并且亟待解决，它是一个大痛点、大挑战和大问题。如果不解决它，将会带来极大的困扰和痛苦。同时，这也是一个大目标和大愿景，学员真心想要实现它，渴望和向往着它的实现。他们愿意为此付出巨大的代价和努力。例如，"客户首选"、"换脑"、"改命"以及"随时随地随叫随到"等字眼都充满了振奋人心的力量。

胆识过人。这个字眼意味着对某一领域进行高标准的重新定义，你要做的是一件具有重大影响力的事情，即进行重新定义。例如，特劳特重新定义了品牌，指出好品牌就是客户首选，而好品牌要解决的问题就是如何赢得客户的首选；夏晋宇也在重新定义商业课程，他认为好课就是能够换脑，即深度改变学员的认知；滴滴则在重新定义出行，它认为好的出行体验就是能够随时随地随叫随到。

积极正面。由于所使用的字眼具有振奋人心的力量，因此在描述要解决的挑战时，应尽量采用积极正面的表达，避免使用否定或消极的字眼。例如，特劳特定位采用正面字眼来表达目标，即"心智注册成为客户首选"。如果采用否定字眼来表达，如"心智注册解决'不能成为客户首选'的问题"，虽然表面意思看似相同，但实际上存在巨大的差异。

具体，并具备画面感。字眼所应强调的并非"挑战或问题"本身，而是要描绘出执行解决方案后所呈现的具体景象。以实际情形为例，如果在客户心智中成功注册了某个特性或品类，其结果将如何呢？能否用一个字眼来生动展现这一结果的形象？客户首选，便能精准地表达出这种理想状态。因此，字眼不仅应具体，还应具备画面感，能够呈现学员所期待的样子，描绘出理想的状态。

与解决方案直接高度相关。最后，我们要确保所选择的字眼与解决方案直接高度相关。如果仅仅重新定义了高标准，却没有提供相应的解决方案，那么这样的高标准将失去其实际意义。例如，特劳特提出了品牌的高标准——"客户首选"，并为此提供了"心智注册"的解决方案。这两者之间高度相关，逻辑上自洽。然而，当前很多商业讲师面临的挑战是，他们提出了一系列问题和痛点，却未能给出相应的解决方案，因为这些解决方案与问题之间缺乏必要的联系。因此，一旦我们定义了高标准，就必须重新审视、调整并实践解决方案。

课程没有钉子绝不讲课

"解决问题"这个钉子，表面看似简单，实则内涵深邃，这个钉子集中了四个至关重要的信息：

课程灵魂：如果将三天的课程内容浓缩成一个点，这个点就是"解决问题"，就是课程灵魂。

大师论：这是讲师的核心一招，也是其核心竞争力，它源于讲师过去丰富的实践经验和深刻洞察，是对解决方案的精准提炼，是讲师解决问题的核心思想和独特观点。

大挑战：这是客户高度关注的，是他们难以独自应对的普遍性、严峻性挑战。

大竞争：它代表着对主流观点的挑战。你的观点必须独树一帜，你的底层逻辑必须与众不同。

只有当你的观点符合大师论、大挑战、大竞争这三个要素时，你才有机会成为行业的佼佼者，成为无可替代的存在。而只有成为这样的佼佼者，你的观点才有可能像钉子一样，深深地扎入人们的心中。

这个钉子就是课程主线。

这个课程主线能够将三天的课程内容紧密串联起来，确保课程内容环环相扣，条理清晰。在授课过程中，务必确保每一句话都紧扣核心观点，并针对挑战给出解答，避免课程内容散乱无章。例如，"流浪火星"一旦确定了课程主线，就必须围绕人类展现大智慧大团结征服火星的故事展开，既要阐明人类是如何展现智慧和团结的，也要解决征服火星过程中的问题。

这个钉子就是课程灵魂。

没有钉子的商业课程是没有灵魂的。所谓钉子，就是课程的中心思想。从小学开始，语文老师就教导我们提炼文章的中心思想，如果无法提炼出来，那就意味着课程缺乏灵魂。

这个钉子也是课程钩子。

通过不断强调"你有病"（一痛），"我有药"（一招），"就我有"（一不），让学员对课程产生预期并做出购买决定。

这个钉子还是讲师的个人品牌。

例如，一提到"用大片演绎课程"，学员首先想到的就是我，因为我是这一领域的佼佼者，拥有独特的教学风格和标签。如果有人未经授权擅自使用这一教学方法，那就是对我的侵权，将会受到严厉的谴责。对于大多数讲师而言，找到自己的钉子，也就是找到了真正适合自己的教学方向，才能真正展现自己的价值和魅力。

这个钉子也凸显了讲师与大师之间的区别。

讲师与大师的核心区别究竟在何处？其实，一个简单的标准便可评判：是仅仅聚焦于一个点，还是泛泛而谈多个点。试想，若给你10分钟，你会选择阐述哪个主题？1小时呢？10小时甚至100小时呢？大师往往能够坚守一个点进行深入剖析。若点数过多，则每个点都可能浅尝辄止，难以深入；同时，也难以打动学员的心。这就像钉钉子，东敲一下、西敲一下，最终可能一个钉子都没能牢固钉入。讲述过多，却可能让学员一无所获，讲师也难以树立自己的品牌。讲述10个点看似容易，每个点讲上10分钟，不知不觉两小时便过去了，这样的教学方式更像是讲师的风格。然而，若能够聚焦于一个点进行深入探讨，这才是真正的挑战与考验。它代表了深度，代表了长期的积累与专注，这才是大师的真正风范。大师总是能够取一舍九，专注于最核心的"一"，化繁为简，直击要点。

这个钉子也是学员购买、学习、转介绍以及落地实践的核心理由。

商业课程，与其他产品无异，都需要用一句话阐明其购买的价值所在。很多讲师的内容其实相当出色，无论是表达、专业性还是案例的丰富性都堪称上乘，然而他们的影响力却不尽如人意，这确实令人惋惜。那么，问题究竟出在哪里呢？每位讲师都应该深入反思：学员听完你的课程后，他们能记住的最深刻的内容是什么？如果不能回答这个问题，就不可能有的自己品牌。

第 1 章　好课定位

课程定位方法论

那具体怎么找到钉子呢？

从大痛点出发

定领域：你深耕哪个领域？

在课程定位之前，你需要明确自己正在深耕哪个领域。是人力资源？是战略？是财务？是课程设计？是领导力？是品牌？还是用户运营？如果你连自己深耕哪个领域都不清楚，又如何能够精准定位？又怎么可能找到那颗"钉子"呢？

这个问题对于培训机构而言至关重要。实际上，选择深耕哪个领域，本质上就是选择赛道。从商业价值的角度看，毫无疑问应选择具有广泛关注和需求的大赛道。小赛道之所以小众，往往是因为这个领域受到的关注较少，或者仍处于人们关注的初期阶段，这无疑会带来一些挑战。很多培训机构虽然努力，但成效不佳，很大程度上是因为他们选择的赛道存在问题。

有一位知名的企业家找到我，希望我能为他的新项目提供咨询。这位企业家在商界的成就令人瞩目，成功地将自己的企业上市，其产品更是家喻户晓。然而，随着年岁的增长和财富的积累，他越发觉得应该为社会贡献更多价值。他观察到如今的孩子行为叛逆，沉迷于游戏，因此他计划启动一个新项目：夫妻关系培训。他坚信，孩子的问题往往根源于家长，而家长的问题又常常与夫妻关系紧密相关。

他的观点颇有道理，随着社会的发展，离婚率逐渐攀升，夫妻关系日趋紧张。表面上看来，这似乎是一个庞大的市场，几乎每一个家庭都有接受教育的需求，他们都需要学习如何更好地相处，如何更好地为人父母。

然而，深入剖析后，这个赛道的问题逐渐浮现。虽然表面上这个市场看似庞大，实际上却相当狭窄。因为评估市场的大小不能仅凭感觉或猜测，而需要具体的数据支撑。企业家应该思考的问题是：那些夫妻关系不好的人，他们采取了哪些行动？是否愿意为此付费？又是如何消费的？仔细思考后会发现，夫妻关系不好的人并没有选择通过旅游或其他方式去修复关系，他们要么选择离婚，要么选择得过且过。这就意味着夫妻关系这个市场缺乏真正的价值。尽管表面上看似存在普遍的共性需求，但实际上这种需求是伪需求，因为他们并未为此付费解决问题。凡是不愿意花钱解决的，通常都是伪需求，是假问题。

当时，我建议他三思而行，但这位富有情怀的企业家还是召集了众多顶尖专家来研究夫妻关系课题。他们苦苦坚持了三年，最终还是放弃了这个项目。

所以，选领域就是选赛道。古人所言"女怕嫁错郎，男怕入错行"确实有其道理。从事某一领域的研究与实践，这无疑具备社会价值。然而，若从商业价值的角度来考量，赛道的大小往往决定了其商业价值的高低。培训机构必须审慎选择自己的立场，明确自己所属阵营，深入探究所研究领域的商业价值。

但这个问题对商业讲师的影响相对较小。中国疆域辽阔，各种细分赛道都有其发展的空间，不必强求每堂课都能创造巨大的经济效益。例如，夫妻关系这一领域对于一家机构而言可能显得赛道过于狭窄，但对于商业讲师而言，却并非毫无机会。我自身也曾认为所从事的课程研发赛道较窄，从未想过要成立大型机构以谋求更大发展。然而，这个看似小众的赛道，对我个人而言，足以支撑我养家糊口，生活无忧。

定画像：你的目标客户是谁？

这个问题同样至关重要。你需要明确你的课程究竟是为哪一类人群而设计的，你的听众是谁，你的学员具体是哪些人。前面我们已对"课程定位"进行过探讨，其核心在于"用不同一刀解决一痛"，而实现这一点的前提是明确你的课程要解决谁的痛，解决谁的挑战。

例如，如果你讲授绩效管理，那么你的听众是人力资源部员工、企业老板还是管理人员？不同的人关注的重点、面临的挑战以及他们的思维方式和理论体系都存在差异，因此你必须有针对性地进行选择。再者，即使是针对老板这一群体，你也需要进一步明确，是服务于小微企业老板、中小企业老板、大企业老板，还是上市公司老板？是新创业者，还是经验丰富的创业者？是主要面向制造业老板，还是大消费行业的老板？明确你的核心服务对象至关重要，否则你将难以准确识别并应对他们的具体挑战。

在帮助讲师明确自己的客户群体方面，我积累了丰富的经验。我通常会建议他们列出至少10个希望服务的客户姓名。通过这一方式，你会发现这些客户之间的共性。更为关键的是，当你写下具体的名字时，你会更深入地思考这些客户的具体需求和挑战，他们在你的脑海中将变得栩栩如生，而不再是抽象的假设。

我也采取了同样的方法，当我写下期待服务的10位讲师的名字后，我很快就厘清了客户画像。我提出了"五有"标准！即有背景、有实战（已形成自己的理论和方法论）、有成果、有团队、有决心。为什么我倾向于服务这样的讲师呢？大片课程确实能助力很多讲师功力提升10倍以上，但要想一堂课创造一亿元的收益，这样的讲师必须是"五有"讲师。我致力于打造的，正是爆款课程与爆款IP。

定挑战：该领域的要解决的问题或实现的目标是什么？能否直接解决？如果不能，那么解决的桥梁又是什么？

这三个问题实际上是一套组合拳，我们不能仅仅询问其中一个，更不应只问一次，而是要反复追问、深入探索。为什么要如此强调呢？因为很多讲师往往容易陷入自己的思维定式，难以自拔。有时他们可能无法给出明确的答案，有时即使给出了回答，也可能缺乏实际价值。在这种情况下，我强烈建议讲师考虑聘请一位课程教练。课程教练并非是给讲师灌输更多的内容，而是帮助他们重新审视自己、审视客户、审视真正的市场需求。

我曾经与一位股权领域的资深讲师探讨过这些问题，发现很多讲师的思维都呈现跳跃性，需要有人不断将他们的思绪引导至正确的问题上。我所采用的方法便是反复询问这几个问题。

我问：股权要解决什么问题？

他答：股权要帮助企业成为行业第一。

这个回答显然过于想当然。股权与"成为行业第一"之间固然存在某种关联，但从学员的认知角度看，或从实际事实出发，这绝不是直接的因果关系。这样的回答显得牵强，缺乏实际意义。

此时，我进一步追问：股权是如何帮助企业成为行业第一的呢？

通常，这时候讲师会感到意外，开始认真思考。他们过去可能从未被这样追问过。但问题是，他们连股权的核心目的都没有弄清楚，却已经讲课多年。

他经过认真思考后回答：股权是通过支撑企业战略，从而帮助企业实现行业第一的。

这个回答依然不能令人满意，于是我继续追问：股权是如何支撑企业战略的呢？

这时，他的思考开始接近真相。他回答道：通过股权重塑团队和企业的关系，从而激发员工的动力，最终支撑企业战略的实现。

> 接着，我继续追问：股权又是如何重塑团队和企业的关系，激发员工的动力呢？

定观点：你的核心解决方案是什么？这些方案的核心一招或核心思想是什么？最后到底解决什么问题？有具体案例成果吗？

通过"定挑战"，我们已经厘清了挑战，也就是要解决的问题。那么接下来，我们应该如何确定解决方案呢？

这时，很多讲师可能会感到惊讶，因为他们发现过去的方法论与所要解决的挑战之间毫无联系。过去的解决方案往往只是基于想当然，纯粹是为了使用工具而使用工具，并未真正触及问题的核心。

我个人的经历也是如此。实际上，在2014年我写了一本书《大师是怎样炼成的》。读过这本书的讲师都知道，我在书中详细介绍了课程打磨的方法论。然而，从现在的角度来看，那无疑是存在问题的。我过于关注具体的工具和细节，却忽视了课程的本质——换脑。更为棘手的是，那套方法论背后的思想是什么呢？我曾经也提到过要将课程打造成大片，但我的方法论与这一理念并不相符。

大多数讲师都可能有过类似的经历。但只要我们开始反思，就是真正的进步的开始。

> 我们仍以与那位股权讲师的对话为例，来探讨讲师在梳理定位时所面临的挑战。
>
> 我问：你的股权解决方案具体是什么？
>
> 他答：五步连贯法——定股、定人、定时、定价、定量。
>
> 我进一步追问：这五步连贯法是否真的能够重塑团队和企业的关系，进而激发员工的动力呢？这五步是如何紧密围绕激发员工动力来策划解决方案的呢？

他答：……一时难以回答。他并没有深入考虑过这些，仅仅视其为一个操作步骤。

我再问：五步连贯法的本质其实只是数字5，那么五步连贯法背后的核心观点或核心思想是什么呢？能否用一句话高度概括五步连贯法？

他答：……同样一时难以回答。他并未对此进行深入思考，仅仅将其视为一个操作步骤。

由于涉及商业机密和为人处事的原则，我无法详细还原与他的每一个问答，但你会发现，很多讲师在从大痛点出发时，会面临众多的质疑。当这些问题被提出时，大部分讲师起初都会有些茫然，因为他们过去从未如此深入地思考过。然而，这往往是商业课程发生深刻改变的开始。正是有这些痛定思痛的问题，才会有商业课程的真正升级，也才会诞生真正卓越传奇的商业课程。

从大师论出发

在此需要强调，找钉子并非仅仅从大痛点一个角度出发即可，还要结合大师论、大竞争进行考量。尽管从一个角度出发可能已有初步答案，但唯有三个角度同时深入思考，并综合起来，才能窥见全貌。

我们接下来不会一一详解每个问题，因为底层逻辑与从大痛点出发的底层逻辑是相通的，只是起始时切入问题的角度不同，但最终都会殊途同归，指向同一核心：你到底用什么不同一招解决什么一痛。

定领域：你深耕哪个领域？

定画像：你的目标客户是谁？

定观点：你的解决方案是什么？这些解决方案的核心思想是什么？

定挑战：你的解决方案要解决什么问题？有具体案例成果吗？能否直接解决？如果不能，那么解决的桥梁又是什么？

从大竞争出发

为什么还要从大竞争的角度进行思考呢？这最终要落实到讲师的最佳实践上。只要存在最佳实践，讲师必定会拥有自己独特的深刻感悟。正是这种独特性，才构成了讲师的个人定位。商业课程并非基础教育，商业讲师亦非大学教授，他们传播的不是真理，而是最佳实践。在我做商业课程的过程中，我始终坚守一个信念，那就是缺乏独特观点的课程必定缺乏商业价值。在第一章中，我多次强调了这个观点。

定领域：你深耕哪个领域？

定画像：你的目标客户是谁？

定对手：该领域的主流观点或方法论是什么？解决的问题或实现的目标是什么？

定死穴：主流观点存在的问题是什么？

定不同：你和主流观点的不同是什么？你要解决什么问题？有具体案例成果吗？

群策群力找定位

从上述三个角度出发并进行深入思考后，定位便会自然浮现。我们一般建议商业讲师不要独自闭门造车进行定位，而应组织团队，甚至邀请课程教练共同参与定位工作。课程教练的主要价值在于挖掘讲师内在的真知灼见，而非增添无价值的内容。

商业课程的定位最终应实现"四好"。

好钉子：不同一招解决一痛。

例如，刘海峰老师的钉子在于"顺势借力才能改命"；夏晋宇的钉子在于"大片才能换脑"；许战海的钉子则是"只有抢才能赢"。

好课题：最好能够呼应底层逻辑。

例如，刘海峰老师的课程名称为"高维战略"；夏晋宇的课程名称为"夏晋宇大片课"；许战海的课程名称为"竞争之王"。

由于你的课程拥有独特的钉子，因此课程名称也必定是独一无二的，不会随意取一个不相关的名字，如"引爆课程""打造课程""课程模式""课程突破"等。我之所以将课程命名为"夏晋宇大片课"，便是希望当人们听到"大片"这两个字时，首先想到的就是我。

好广告：聚焦学员的期待。

例如，刘海峰老师"高维战略"的广告语为"顺势借力，三年五倍，五年十倍"；夏晋宇"大片换脑课"的广告语为"一堂课一个亿"；许战海"竞争之王"的广告语则是"以战止战，以战胜战"。

好匹配：体现讲师在特定领域的专家身份、经历、成果和著作。

好匹配的实现相对简单，只要讲师对定位有清晰的认识，匹配便会自然而成。通常，我们会用"某某领域专家""经历""成果""著作"来匹配讲师的定位。你必须是所研究领域的专家，且是你独特理论的开创者，因为这样的定位才是独一无二的。例如，我便是"商业课程打造专家"，是"换脑大片"的开创者。

同时，你的经历应与定位相符，最好是十年磨一剑，专注于某一领域。

你还需要提炼出自己的成果，例如你服务了哪些企业，取得了哪些成就。

最后，我建议你出版一本书。我始终鼓励每位讲师实现"一本书，一堂课"的目标。

找钉子的整个过程对讲师而言确实是一大挑战，这要求讲师静心深思多个问题。我多年打磨课程的经验告诉我，找钉子是商业课程打磨中的最大难题，但一旦找到，课程将发生翻天覆地的变化。我个人深有体会，我辅导的很多讲师也都有过类似的经历。但我坚信，只要讲师从三个角度出发，认真寻找，必能找到那颗钉子，而这将是商业传奇的开始。

有时，找钉子的过程对讲师而言是痛苦的，甚至是绝望的。全场充斥着他人乃至自我对自己的质疑、批判与毫不留情的攻击，从头到尾都是争论与讲师无力的辩解。对于一向自傲的讲师来说，这确实令人不悦，甚至伤及自尊。

我个人最为激烈的一次是对一位知名讲师拍桌子，当着他所有员工的面，不留情面地对他怒吼。这既是因为他对这些问题不够重视，回答不够认真，又是因为当时疫情严重，我冒着隔离风险前来，确实不易。现在回想起来，我也应当反省。但这位讲师后来彻底醒悟，发生了巨大的变化，还积极为我介绍客户。真是不打不相识，我们后来成了非常好的朋友。

我见证了很多讲师找到钉子后的喜悦，这种喜悦让他们重新燃起了希望，唤醒了他们立志改变一切的动力，激发了他们为客户创造价值的决心。有位讲师在找到钉子后，给我发信息表达感谢，说是我改变了他的命运。其实，并非我改变了他的命运，而是从那时起，他开始真正地做自己。有什么比做自己更让人感到喜悦与有力量的呢？

找钉子全过程案例

下面以"夏晋宇大片课"为例：详细说明找钉子全过程。

比如，从大痛点出发。

定挑战：你的解决方案要解决什么问题？深刻改变学员的认知，实现换脑！

定观点：你的解决方案是什么？大片天龙八部！

这些解决方案的核心思想是什么？好课像大片！

最后到底解决什么问题？深刻改变学员的认知，实现换脑！

比如，从大师论出发。

定领域：课程研发。

定画像：什么样的讲师是我期待服务的对象呢？我提出了"五有"标准！即有背景、有实战（已形成自己的理论和方法论）、有成果、有团队、有决心。为什么我期待服务这样的讲师呢？大片课程确实能助力很多讲师功力提升10倍以上，但要想一堂课创造一亿元的收益，这样的讲师必须是"五有"讲师。我致力于打造的，正是爆款课程与爆款IP。

定观点：你的解决方案是什么？大片天龙八部！

这些解决方案的核心思想是什么？好课像大片，以大片的手法来演绎课程。

定挑战：你的解决方案要解决什么问题？让学员的认知深度改变！

比如，从大竞争出发。

定对手：该领域的主流观点或方法论是什么？目前主流观点是TTT，其本质更接近于纪录片。

这种主流观点要解决的问题是什么？将某个知识点讲清楚。

定死穴：这种主流观点存在的问题是什么？它难以引起成年人的兴趣！

定不同：你和主流观点的不同是什么？好课像大片！

你要解决什么问题？深刻改变学员的认知，实现换脑！

找钉子工具

从大痛点出发	定领域	你深耕哪个领域？
	定画像	你的目标客户是谁？
	定挑战	该领域要解决的问题或实现的目标是什么？
		能否直接解决？
		如果不能，那么解决的桥梁又是什么？
	定观点	你的解决方案是什么？
		这些解决方案的核心思想是什么？
		最后到底解决什么问题？有具体案例成果吗？
从大师论出发	定领域	你深耕哪个领域？
	定画像	你的目标客户是谁？
	定观点	你的解决方案是什么？
		这些解决方案的核心思想是什么？
	定挑战	你的解决方案要解决什么问题？有具体案例成果吗？
		能否直接解决？
		如果不能，那么解决的桥梁又是什么？
从大竞争出发	定领域	你深耕哪个领域？
	定画像	你的目标客户是谁？
	定对手	该领域的主流观点或方法论是什么？
		解决的问题或实现的目标是什么？
	定死穴	主流观点存在的问题是什么？
	定不同	你和主流观点的不同是什么？
		你要解决什么问题？有具体案例成果吗？
群策群力找定位	好钉子	不同一招解决一痛
	好课题/好广告	最好能够呼应底层逻辑/聚焦学员的期待
	好匹配	体现讲师在特定领域的专家身份、经历、成果和著作

本章总结

1. 课程定位就是找到钉子
2. 只有钉子才能钻进学员脑袋
3. 钉子的标准：一句话
4. 99%的商业课程没钉子，把课程主题或数字游戏当钉子
5. 一句话说清"一招解决一痛"才是钉子
6. 找钉子方法论：
   - 从大痛点出发
   - 从大师论出发
   - 从大竞争出发
   - 群策群力找定位

好课框架

第 2 章

重新定义课程框架

什么是课程框架？这个问题其实非常重要！很多讲师可能觉得这个问题过于简单，认为课程框架就是课程大纲，主要用于呈现授课内容和知识点，展示讲师的核心工具和方法。

真的是这样吗？答案并非如此。课程框架虽然表面上是关于方法论的呈现，但其本质却在于传递信任。

框架并非仅仅是框架，它更是信任的象征。

一看到你的框架，人们便会信任你，认为你定能解决问题；

一看到你的框架，人们便愿意追随你，渴望找到你，与你深入交流；

一看到你的框架，人们便会将你视为他们多年寻找的知心朋友；

一看到你的框架，人们便会认定你是行业中的佼佼者。

如果传递信任才是框架的本质，那么讲师就不会轻易草率地制作一个框架来敷衍了事，也不会对框架漠然视之，更不会轻易地将框架展示给众人，那实在是令人羞愧之举。

好框架会说话

为什么好框架能够传递信任？原因在于好框架会说话。为了更深刻地理解框架，我们需要深入探究其背后的本质。只有这样，你才会对框架有更深入的理解。

首先，框架是一面镜子，映照出讲师的专业功底。

一个讲师是否具备高超的技艺，从其框架的脉络中便可见一斑。由于

第 2 章　好课框架

我的职业特性，这十年来，众多讲师纷纷希望与我见面交流，甚至邀请我旁听他们的课程，期望获得我的建议，并探寻合作的可能性。

然而，我始终坚守一个原则："三不原则"——在未见课程大纲之前，不交流、不见面、不听课。因为通过课程大纲，我基本上能够判断讲师的潜力和价值，以及是否有合作的空间。在行动教育期间，我曾担忧这种选拔方式是否过于粗暴和一刀切，担心会错过一些优秀的讲师。但事实证明，框架杂乱无章的讲师，即使名声再响亮，本质上也只是虚有其表，难以长久。过去，我总是担心用框架来衡量讲师会错过人才，但多次经历后，我发现这样的做法其实只是在浪费自己的时间。因此，我越来越坚定，对于那些没有清晰脉络的讲师，我坚决不会选择合作。

正因为这样的坚持，这几年我得罪了不少讲师。他们可能会疑惑，为什么别人上课要收费，而你免费受邀却还如此挑剔？但讲师其实误解了我，我并无任何架子。框架决定了我能否为讲师带来革命性的改变。当我看到某些框架时，我便深知自己难以提供实质性的帮助，真的是心有余而力不足。

有一位讲授商业模式的讲师，在阅读了我的《大师是怎样炼成的》后深受启发，通过多方努力终于添加了我的微信。他热情地邀请我见面，我答应了他的请求，但前提是他需要先发送课程大纲给我。然而，他告诉我没有课程大纲。这令我颇为惊讶，毕竟他从事教学多年。他解释说，虽然有大纲，但认为大纲无用，无法展现其真实内容和水平，因此发送也没有意义。于是，我婉言谢绝了他的见面请求，并客气地告诉他，在商业模式这个领域我并无深入研究，因此无法为他提供实质性的帮助。

其次，框架是治学态度。虽然框架或许不能完全决定一个讲师的真实

水平，但它确实能体现一个讲师对待治学的真实态度。框架的背后，是讲师对待课程的严谨态度，对待学员的认真态度。

这几年来，尽管我离开了行动教育，但李践老师仍会请我推荐优秀的讲师。然而，李践老师并不会因我的推荐而立即与他们见面。他比我更坚决，若未看过框架，便坚决不进行交流。因为李践老师认为，框架不仅关乎专业问题，更涉及态度、价值观和用心程度。通常而言，如果一个讲师的框架不清晰，那么他的讲解也必然模糊，最终实施也会显得混乱。

最后，框架是感召武器。框架是讲师用来感召学员的重要工具。既然框架具有如此强大的感召力，讲师首先要做的便是先感动自己，进而感动销售伙伴，再感动合作伙伴。如果连自己都无法感动，伙伴和合作伙伴也无法感动，那么我们又怎能感动学员呢？因此，讲师需要把自己当作客户来思考。

我至今还记得，"高维战略"第一次研讨会结束后，一亿中流的刘海峰老师那激动的眼神。他告诉我："夏老师，看了你讲解的框架，我现在就有强烈的讲课冲动和欲望。你在讲解框架时，我脑海中已经在构思我该如何讲述这套框架。这套框架是我多年来服务客户的结晶，也是我沉淀下来的方法论。"最近，刘海峰老师的"高维战略"课程又有了新的升级，当我看到新的框架时，我给他发了一条短信，表示这份新的框架让我足足看了5分钟，感到无比激动和兴奋。

因此，从这个意义上讲，所有的课程框架都值得我们用心去打磨和完善。

第 2 章　好课框架

一个好框架 =100 个销售员

无论是讲师还是企培机构，始终面临两个选择：要么依赖大量的销售员去说服，要么依赖出色的框架去说服。

如果选择依赖大量的销售员去说服，你就必须让销售员变成战士、武士和死士，因为销售员的失败率实在太高。不论你采用何种引流手段，如电话销售、短信销售、微信销售，或抖音等新媒体，都无法避免这一点。即使你最终获得了所谓的有效客户名单，最终还是要依赖销售员去说服他们。你甚至不得不将销售员逼至极限，否则很难取得成果。有一家培训公司就曾采取这样的策略，将销售员称为战士，不管三七二十一，对客户进行猛烈的推销，这对很多客户来说无疑是一种折磨。这确实是培训行业的悲哀，我们负责教育他人，但营销手段却还停留在原始阶段，显得并不高级，这不禁让人感叹。这种粗暴的卖课模式不仅无法推动培训行业的进步，反而可能让人失望，甚至让人想要逃离这个行业。

然而，这就是选择依赖销售员说服的代价。当课程销售不佳时，人们往往会归咎于销售员，于是只能不断激励销售员，甚至将他们逼至崩溃边缘。所有的精力都集中在了如何销售上，关注的是流量、课酬以及销售队伍的建设。曾经有一家公司的营销总裁坚信，只要有足够的人手，任何销售目标都能达成。在培训行业，销售确实在很大程度上依赖于销售队伍，但事实真的如此吗？在2023年，我看到即使是头部的培训机构也在裁员，即使给他们更多的人，他们也不敢轻易接收。

你还有一种选择，那就是精心打磨课程框架，并坚信用框架去说服的力量。将框架视作销售武器、传播武器和训练武器。

什么是销售武器？销售武器意味着用框架赢得客户的信任，通过讲解框架促成销售。当客户对框架产生兴趣时，他们可能会邀请销售伙伴进一步介绍。而销售伙伴在详细介绍框架后，客户往往会决定购买。这便是销售武器的威力。

举个例子。销售伙伴如何说服讲师来听我的课程？绝对不能强行推销，这是底线。如果他们想要推广我的课程，唯一的途径就是与讲师分享我的课程框架。比如，他们会说："某某老师，您一定要参加夏老师的课程，夏老师专门研究一堂课卖一亿元的方法。我们的核心理念是将课程打造成一部大片。那么具体怎么做呢？第一模块是课程定位……"最终的决定权当然掌握在讲师手中，他们听完框架后，会判断这个框架是否值得信赖。

原来在行动教育时，我就是这样操作的：把课程大纲视为核武器，销售伙伴去企业时，主要工作就是分享大纲。我们把大纲视作培养销售伙伴的秘籍，其中的底层逻辑便是"大纲不仅仅是大纲，它更是传递信任的桥梁"。

什么是传播武器？传播武器是指学员对框架的深入理解，以至于他们会频繁地向他人分享。客户听过课后，框架会深深印在他们的脑海中，激发他们强烈的分享欲望。一有机会，他们就会自发地与他人分享，从而实现信任的传播。这就像一部好电影，我们会由衷地推荐给别人观看。课程也是如此，一个好框架的价值等同于100个课程顾问。

什么是训练武器？训练武器是利用框架来培训新员工，考核他们，甚至进行PK。商业讲师必须充分认识到框架的重要性。一个好框架能够帮助销售伙伴从单纯的销售角色转变为专业顾问，成为提升工作效率的利器。销售伙伴在拜访客户时，只需带上课程大纲，简单讲解一遍即可。

所以，信奉好框架说服的底层逻辑并非将销售员逼至极限，而是需要让讲师深入钻研。一旦业绩不佳，不应归咎于销售员，而应反思讲师的问题。在行动教育，我们每月都设有导师会议，会上主要进行一项工作——深入讨论与改进。业绩较差的讲师更会受到重点关注，讲师对此深感压力，一想到开会便心生畏惧。因为行动教育的理念是，销售不佳的根源在于课程质量，必须专注于课程的完善，而非指责销售员。销售方面的问题并非讲师应关注的重点，课程的打磨首先从框架的优化开始。

然而，这与很多讲师的观念相悖。大部分讲师倾向于从销售方面寻找课程不佳的原因，这无疑是舍本逐末。我在协助讲师打磨课程时，也是先自我深入钻研，再引导讲师深入，进而期望讲师能够激发学员的学习热情。只有我们共同努力，才有可能实现一堂课价值一亿元的目标。

最终，我们必须回归商业的本质，那就是为客户解决问题。商业讲师的职责不在于"讲述"，更非追求"课酬"，而是专注于为学员提供切实的帮助。若不深入钻研，是无法打造出好框架的。

好框架的三大标准

框架传递信任，让框架成为销售核武器，这究竟难不难呢？答案当然是难。评判一个框架的优劣和可信度，依据的是三大标准。

标准一：看一分钟

好框架，仅需看一分钟，便能迅速入眼入心，从而赢得信任。

因为人们的耐心有限，眼睛更是只有短暂的关注力，所以千万不要考验人们的耐心。实际上，人们的耐心正日益消磨。这背后的原因多种多样，社会的快速发展使得节奏越来越快，人们承受着越来越大的压力。同时，人们所接收的信息量也在爆炸式增长。全球的商业巨头为了争夺人们的注意力，不断推陈出新，生产各种能够吸引人们的产品。这些因素共同导致了人们的耐心逐渐降低。而今日头条、抖音等平台的兴起，更进一步推动了这一趋势,强化了"人们没有耐心"的观念。

这样的环境背景,对"用框架赢得信任"的策略构成了巨大的挑战。你的框架只有一分钟的时间去吸引客户,如果不能在这一分钟内打动客户,就会被迅速抛弃,你便失去了后续的机会。

想想家长日常辅导孩子的情景,有多少家长在辅导过程中感到力不从心,甚至崩溃?因此,我们必须正视一个事实,那就是大多数人在面对孩子时都显得缺乏耐心。在这样的背景下,我们又怎能期待他们能够静下心,耐心且认真地研究你的课程框架和内容呢?赢得他们的信任,你只有一分钟的时间。

这对很多讲师来说,无疑是一个巨大的挑战。别说让学员在一分钟内被框架吸引,就连很多讲师自己,都无法确保自己的框架能够吸引人。如果连自己都无法被吸引,又怎能期待客户会被吸引呢?

标准二:听三分钟

好框架,不仅要在一分钟内入眼,还要在三分钟内入耳,从而加深信任。

如果客户在看完框架后对你产生兴趣,并愿意给你一次面谈的机会,那么你必须在三分钟内打动他,否则,即使给你三小时,也难以改变他的心意。虽然耳朵的承受力稍强于眼睛,但它也只能给你三分钟的时间。如果在这三分钟内,客户无法产生兴趣,那么你将被淘汰。

有一次,我参加了一个客户的产品战略研讨会。这家公司的讲师数量众多,其中部分是公司内部的,但大部分是与外部合作的。由于大家日程繁忙,每位讲师的时间都难以协调,因此一整年下来,这些讲师都没有机会聚在一起召开产品战略研讨会。这次,公司总裁对此次研讨会给予了高度重视。由于我是他们公司的顾问,总裁在开场时特别介绍了我。然而,介绍还未满三分钟,就被一位

讲师打断了。这位讲师问道："我们这次开会的目的是什么？我特地推掉了其他重要的事情来参加，希望能有所收获。公司到底需要我做什么，有什么指示？只要我能做到的，我一定会坚决执行。"

这位讲师虽然言辞客气，但明显透露出不耐烦的情绪，他认为开场对我进行长篇介绍有些浪费时间，这让我感到十分尴尬。然而，这就是事实，如今的人们确实没有耐心去听别人的长篇大论，他们只愿意给别人三分钟的机会来表达自己。

这对很多讲师而言，同样是一个巨大的挑战。挑战的关键在于那三分钟。如果将很多讲师分享的框架录下来，他们自身可能都难以忍受。有一次，我恰好参观了一个培训机构，当时他们公司正举行销售技巧的PK活动。其中一个重要环节是考核"如何向客户介绍课程"。在这个环节中，有一门课程的几位介绍者都未能清晰地阐述清楚。恰好这门课的讲师也在场，他看到这个情况后，显得十分焦急。最后，他决定亲自上阵。然而，不知道是因为过于紧张还是其他原因，他的表现反而更糟，使得整个场面变得相当尴尬。

有一位讲师曾打电话给我，希望我能先听他的三天课程，然后再决定是否合作。我提议他先分享课程框架。结果，他讲了不到三分钟，我就打断了他，因为我实在没听明白。他对此感到不满，认为我没有听完他的课程就做出判断是不公平的。但我要强调的是，作为学员，我只关心课程框架是否清晰、是否有价值。这位讲师在听完我的反馈后，便没有了下文。

因此，一个好框架一看就入眼，一听就入心，其价值远超过100个销售员。我们不应低估框架在销售中的重要作用。

标准三：说五分钟

仅仅看一分钟、听三分钟是不够的，好框架还需要实现自动传播。这就要求学员在听完你的半天、一天或三天课程后，如果给他五分钟的时间，他不仅能够随时随地清晰地表达课程内容，还能深度影响他人。只有这样，才能实现更广泛的传播。

这对讲师来说同样是一个挑战。很多讲师在讲完课程后，往往无法确保学员能够记住并理解课程框架。甚至有的讲师自己已经讲了五六年课程，也未必能够将框架讲得清楚明白。

我曾服务过的一个培训机构就是一个例子。在一次课程复盘会上，主讲讲师和五位课程辅导顾问讨论得十分激烈。当我提出让他们尝试不看PPT，将课程框架写下来的建议时，他们却陷入了困境。那位主讲讲师自信满满地表示这很容易，因为他已经讲了三年。然而，结果却是他只写了不到三分之一的框架就无法继续。其他五位辅导顾问也未能完整地写出课程大纲。这不禁让我对学员的学习效果产生了质疑。

罗列干货不能传递信任，而在制造复杂

为什么大部分讲师的框架无法传递信任？原因在于认知上出现了大问题。大部分讲师误以为框架仅是为了呈现干货、方法、工具或模型。

我随意在百度上搜索了一份TTT培训大纲，这份大纲其实正是众多商业课程的缩影，它们大多内容相似，缺乏新意。即便你对其中的某些内容持有不同看法，那也不过是五十步笑百步。

TTT培训大纲

第一模块：成人学习特点
一、注意力集中不易长时间维持
二、目的性强，以解决问题为核心
三、遗忘速度快
四、成人学习效果金字塔

第二模块：培训师的层次定位
一、告诉学员某些知识
二、教会学员应用某项技能
三、让学员认识到为什么要学
四、触发学员心灵

第三模块：培训课程设计
一、培训需求分析
二、培训目标设定
三、培训策划开发
四、培训效果评估

第四模块：教材制作
一、PPT教材的制作原则
二、提炼关键词
三、幻灯片分类

第五模块：现场授课与呈现技巧
一、你最害怕什么
二、控制紧张情绪
三、好的开始
四、内训师的语言、声音
五、如何目光接触
六、肢体语言

第六模块：互动技巧
一、专业问话技巧
二、批准性的问题
三、特定性的问题
四、一般性的问题
五、讲师威信建立
六、难缠学员处理技巧

这份培训大纲是否已激起了你的学习热情？浏览过后，它是否赢得了你的信任？你是否已下定决心参与课程？你是否坚信这个课程能切实解决你的问题？

事实并非如此，这份大纲非但未能建立信任，反而使事情变得复杂。多数人仅扫一眼便选择了放弃。人们的耐心有限，这份大纲并未引起人们的兴趣，类似的材料在网络上随处可见。

为什么会这样？难道现今的人们真的缺乏工具或模型吗？并非如此，只需简单搜索，网络上便应有尽有。像麦肯锡这样的顶级咨询公司，整理的工具模型还少吗？然而，仅仅罗列干货只会增加复杂性，并不能传递信任。如今，干货泛滥，学员已不再稀罕。除非回到二十年前信息闭塞的时代，但如今你提到的任何工具都早已不是秘密。

很多讲师误以为好课程就是分享干货，担心自己的干货不足，方法不多。这是个大误解。干货并非商业课程的核心。人们真正需要的是深度的认知改变，而非更多的干货。学员不追求一堆工具和步骤，他们需要的是高效且实用的解决方案，要的是绝招。

我曾收到一位讲师发来的课程框架，整整三张A4纸，内容密集得让人难以阅读。我惊讶地问他为什么写这么多，他回答说课程框架就是用来展示内容和干货的，干货越多，越能显示讲师的实力，学员也会因此更愿意上课。他认为学员学完这些干货后，很快就能通过所学来赚回学费。我告诉他，虽然理想很美好，但现实并非如此。学员的耐心有限，他们忙碌且浮躁，没时间也没耐心听你详细解释。三秒钟不能吸引他们，就会被淘汰；三分钟不能让他们理解，就会被判定为无法解决问题。在以前干货稀缺的时代，人们可能还有耐心，但现在如果你的课程框架只是一堆干货，那就是在挑战学员的耐心。尽管这位讲师并未反驳我，但他的表情告诉我他并不认同我的观点。最后，我问他，如果他自己是客户，看到这份框架，会有强烈的学习欲望吗？他思考了一会儿，回去修改了。

入脑入心的框架才能传递信任

什么样的框架才能传递信任呢？答案就是入脑入心！那么，什么是入脑入心呢？简单来说，就是要让人一目了然、一眼看穿、一针见血。

接下来，我们再来看一下我的课程大纲，这也是一门关于如何设计课程的教程。

换脑大片课
一堂课 一个亿

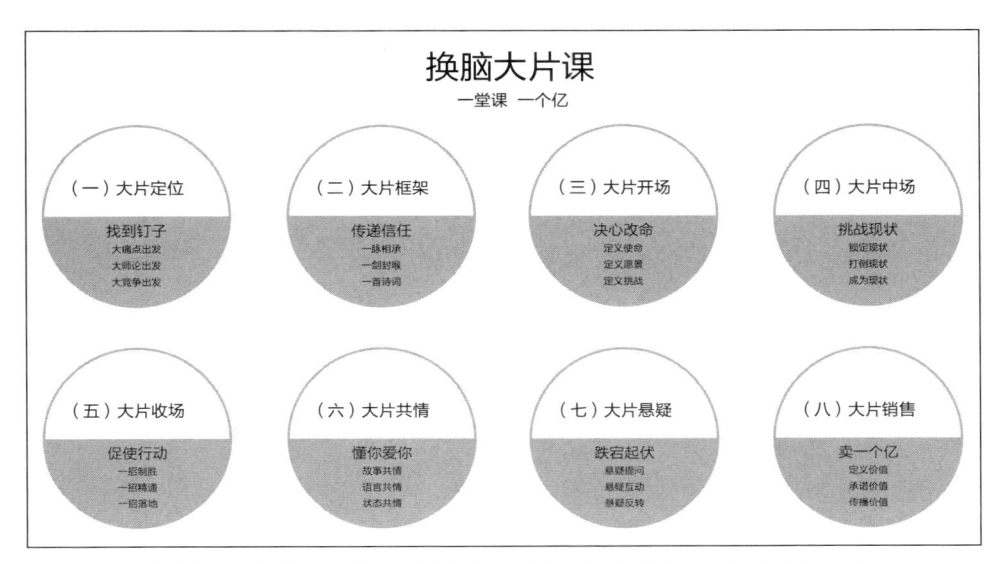

（一）大片定位
找到钉子
大痛点出发
大师论出发
大竞争出发

（二）大片框架
传递信任
一脉相承
一剑封喉
一首诗词

（三）大片开场
决心改命
定义使命
定义原罪
定义挑战

（四）大片中场
挑战现状
锁定现状
打倒现状
成为现状

（五）大片收场
促使行动
一招制胜
一招精通
一招落地

（六）大片共情
懂你爱你
故事共情
语言共情
状态共情

（七）大片悬疑
跌宕起伏
悬疑提问
悬疑互动
悬疑反转

（八）大片销售
卖一个亿
定义价值
承诺价值
传播价值

这份大纲和上面TTT培训大纲的区别是什么呢？我总结为三个极致：

第一个极致：简单到极致

一招：抓主要矛盾，抓要害，抓本质。如何进行课程设计呢？答案就是一招——将课程打造成大片。因此，你看到的整个课程框架所遵循的底层逻辑就是大片，就是这一招。每一个子模块，如大片定位、大片框架等，也都是一招。大片定位的一招是找到钉子，而大片框架的一招是传递信任。也就是说，整个框架给人的感觉就是要抓主要矛盾，抓要害，抓本质。如果你的框架显得复杂，那很可能是因为你没有找到问题的关键，没有抓主要矛盾。

一秒：讲大白话，接大地气。每个字每个词都不需要费心去理解，一秒就能明白。像"决心改命，挑战现状，促使行动"这样的词句，既简单又直接，非常接地气。

一震：简单的背后不简单。虽然"决心改命，挑战现状"这些词句看似简单，但它们能够瞬间直击人心，因为它们蕴含着深度和高度。简单的背后其实并不简单，这是大师将复杂的留给自己，将简单的呈现给学员的智慧。大师与讲师的区别就在于，大师能够将复杂的事物简单化，这是一种非凡的能力。

正是因为整个框架只有一招，让人一秒就能理解，细看则能一震，这种简单到极致的设计让框架更加有效。简单就是真理，越简单越能打动人心。如果大家都听不懂，那么这样的框架又怎能产生说服力和信任呢？

要判断你的框架是否达到了简单到极致的程度，最好的办法就是给你的父母看，讲给他们听。如果连父母都看不懂、听不懂，那么学员也会有同样的感受。回顾历史，毛主席领导人民闹革命时，那些简单到极致的纲领，如"打土豪，分田地"和"当家作主"，尽管文字简单，却深得人心。

然而，专业常常成为简单的劲敌。那些所谓"专家"，自然会对这样的大纲嗤之以鼻，因为他们认为它们过于简单，又如何能够凸显他们的水平呢？他们疑惑，怎么可能仅凭一招就能达成目标？又如何能够展现他们的专业和能力？这无疑成了他们面临的一大障碍，尤其是那些更专业的讲师，更难以跳出这个思维的框架。然而，他们忽略了框架的核心——说服力和信任。如果客户都无法理解，那又谈何说服力和信任呢？因此，他们总是倾向于选择更复杂的方法，堆砌更多的专业术语，似乎觉得只有这样，才能显得高深莫测，令人敬畏。

我曾为一位非常专业且有底蕴的品牌讲师提供服务。然而，他的课程充满了各种专业名词，如"认知转移""认知共性"等，使得听众难以理解。我建议他进行修改，但他认为这些名词对于专业人士来说很好理解，而且能够体现他的专业。然而，当我问他是否觉得我的水平不够时，他沉默了。我进一步解释，即使是我这样有一定水平的人，也感到难以理解和接受他的课程。最终，他接受了我的建议并进行了修改。

在李践老师的"招才选将"课程中，有一个模块让我印象深刻，那就是他讲解招聘流程重要性时所用的方法论建模："过五关、斩六将、剩一人"。一般而言，我们谈及结构化面试流程，会提到人事经理的初步筛选，人力资源总监的二次筛选，接着是用人部门主管的面试，最后由副总乃至总裁进行决策。在此过程中，通常要求提供的面试候选名单人数不能仅有1~2人，因为缺乏比较就难以做出选择。然而，李践老师巧妙地用"过五关、斩六将、剩一人"这一句话就概括了整个流程。这种简洁的表达方式却带来了巨大的力量与高度，让企业家一听就引起了高度重视。简单的表达背后其实蕴藏着深刻的含义，它抓住了问题的关键，即主要矛盾。

第二个极致：逻辑到极致

整个框架一脉相承，环环相扣，严丝合缝。

首先是一脉相承。大片是整个课程的核心底层逻辑，也是最关键的"一招"。因此，整个框架紧密围绕大片这一招展开，包括大片定位、大片框架、大片开场、大片中场等环节。同时，"换脑"作为课程要解决的"一痛"，每个模块的底层逻辑也均与之紧密相连，如找到钉子、传递信任、决心改命、挑战现状等，均围绕换脑而精心设计。

其次是环环相扣。环环相扣体现在每一个模块之间紧密相连。它们不仅具有明确的先后顺序，还存在逻辑关系，更展现出共性。以大片定位、大片框架、大片开场等为例，这些模块在时间上呈现先后顺序，彼此之间逻辑关系紧密，前呼后应，承上启下。比如，大片定位是大片框架的基础，没有明确的定位就无法构建有效的框架。此外，这些模块在底层逻辑上均围绕大片展开，体现了共性。

最后是严丝合缝。严丝合缝则体现在每个模块的关键动作高度一致。例如，大片定位中找钉子的三个动作——从大师论出发、从大痛点出发、从大竞争出发，这些动作高度一致，共同支撑着找钉子的底层逻辑。

为什么要追求逻辑到极致？因为人类思考离不开逻辑。多年的课程技术研究使我认识到一个规律：没有逻辑的学员特别需要逻辑，有逻辑的学员特别信奉逻辑。因此，一个框架是否能够一脉相承、环环相扣、严丝合缝至关重要。有逻辑的课程往往更具说服力，能够说清、说服、说动听众。比如金错刀老师的"爆品战略"，其痛点、叫点、爆点的传播方法论，一听便觉得极有道理。因此，要让课程框架更具说服力，必须充分利用逻辑的力量。

在服务众多讲师的过程中，我发现大部分时间都在协助他们梳理逻辑。有时仅需调整逻辑，课程便能发生翻天覆地的变化。

曾有一位擅长定位的咨询讲师，他功底深厚，拥有众多成功实践与案例，并著有畅销书，在业内颇具影响力。某知名培训机构看中他的潜力，决定包装并推广他，希望他能够将最佳实践与方法论转化为课程。然而，首次试讲时，他却将员工与客户都讲跑了。培训机构CEO找到我，希望我能够帮助这位讲师改进课程。在仔细观看完他的课程视频后，我发现问题在于逻辑不清，而非内容不佳。经过我重新调整课程逻辑，他再次授课时便流畅很多，得到了听众的高度评价。但实际上，我并没有改变他的内容，只是调整了课程逻辑。

那么，如何判断一个框架的逻辑是否达到极致呢？最简单的方法便是讲给别人听，并请对方复述。如果对方能够清晰明了地复述，那便说明该框架是逻辑清晰的。然而，很多讲师在授课时面临巨大挑战，主要原因在于耐心不足。

第三个极致：押韵到极致

朗朗上口，押韵工整，节奏感强。

在"大片课"中，整个框架都采用了押韵的手法。不仅第一层的模块如大片定位、大片框架、大片开场、大片中场等相互押韵，第二层的动作如大痛点出发、大师论出发、大竞争出发，也都遵循着押韵的原则，使得整个课程充满了节奏感。

课程的工整性也体现得淋漓尽致。无论是第一层的模块还是第二层的动作，其字数都保持了一致，使得整个框架看起来既和谐又统一。

为什么我们要追求押韵、工整和节奏呢？原因在于，当文字具备了这些特质，它们就会听起来格外有道理，能够触动人的情感，突破心理防线，深入人心。此外，这样的文字也更容易被人们记住。

同样地，当语言富有魅力时，学员也会更容易被感染，变得感性。诸如"生前不必久睡，死后自会长眠""只要干不死，就往死里干"等语句，虽然简单，但因为押韵、逻辑清晰，听起来就显得格外有道理。

每一位商业讲师都值得把框架打造一遍

"大片课"的最大特点在于，其能够迅速引发真正想成为好讲师的人的学习兴趣。看完这份大纲，他们便迫不及待地想要学习，它能够迅速传递信任。我平时并不常讲课，但受到黑鲨名师的邀请，我决定开设这门课程。在短短的两个星期内，我和黑鲨名师在朋友圈发布了课程大纲。原本我们预计报名人数最多只有十几人，但出乎意料的是，第一次课程就有五十多人参加。很多讲师在看到朋友圈的信息后，纷纷私信我表达遗憾，因为时间上的冲突而错过了报名。他们询问下一次课程的时间，并表示要预留时间参加。这些讲师都告诉我："夏老师，看完你的大纲我就产生了强烈的学习欲望，我知道自己还有很多需要提升的地方，我必须向你学习。看完你的大纲，我终于找到了归属，接下来我会要求我的团队都来参加你的课程。"你看，这就是课程框架的魅力所在！

当然，这个课程框架并非尽善尽美，仍有很大的改进空间。但总体来说，它用简洁的文字传达了丰富的有价值信息，既能够引发兴趣，又能够传递信任。

因此，一个好框架一旦构建完成，便自带说服力，能够传递信任。这背后离不开讲师的专业功底和用心程度。我自己的这个框架至少修改了五十遍，而我为每一位客户服务的框架在一年内也会修改不下百遍。学员每次看到的新框架背后，都是至少十遍的精心打磨。然而，并非所有讲师都能承受这样的"折磨"。有些讲师可能会质疑这样做的重要性，认为他们宁愿将时间用于服务客户、培训员工。这其实是理念上的差异。我自2006年加入行动教育，直到2015年离开。时至今日，行动教育的讲师中仍有很多是我在那里时的同事。作为一家上市公司，行动教育无疑需要更多的优秀讲师。但问题在于，既专业又用心又愿意经历这种"折磨"的讲师确实不多。这就像好莱坞电影，一年也不会有很多部，因为它们需要时间和精力的投入。

我经常听到一些讲师说，他们的课程框架已经很成熟了，稍微修改一下就可以了。但我认为，每一位商业讲师都应该将自己的课程重新打造一遍。好的课程就像大片一样，自带冲击力、记忆力和说服力。一个讲师的水平高低，关键看他的课程框架。只要一看到清晰、出色的课程脉络，就能立刻辨认出这是高手所为。这就是大师与讲师之间的本质区别。真正的大师总是将复杂的问题留给自己，将简单的部分呈现给学员。

好框架赢得信任方法论

一脉相承

一脉相承的底层逻辑我们前面已经详细阐述，其核心在于支撑课程定位，并紧密围绕底层逻辑和挑战展开。具体包含三个核心动作。

紧盯钉子。这里指的是紧盯钉子，而非主题。在构建框架的每个模块和动作前，都应紧密围绕钉子展开思考，不断反问自己：这个模块或动作是否真正支撑了课程定位？在梳理框架过程中，我们常遇到的一个问题是框架与定位脱节，即两者之间没有实质性的联系。这种框架，我们称之为"两层皮"，显然并非一脉相承。从某种角度看，课程定位和课程框架本质上是一致的，它们之间的关系就像兄弟般紧密，任何不一致之处都会使整体难以自圆其说。

> 曾有一位专长于创新领域的讲师，他的课程主题是创新，底层逻辑是"颠覆式创新"，目的是实现"逆势增长"，听起来颇具吸引力。然而，他展示的课程框架未能体现如何通过颠覆式创新实现逆势增长的方法论。框架中几乎涵盖了企业运营的所有方面，如提升销售、提升品牌、改善客户关系、运营管理和生产管理等，内容相当广泛。当这位讲师将框架发给我征求意见时，我首先问他想听好的评价还是坏的。他选择先听好的，于是我说："看完你的框架，我觉得你就是企业的大救星啊。"但他似乎察觉到这并不是真正的肯定，于是让我说出真实的看法。我直言不讳地说："虽然你的挑战目标听起来很宏伟，但你的框架显得相当基础，甚至给人一种误导的感觉。"

因此，在构建框架时，第一步就是紧盯钉子。例如"换脑大片课"，其第一步就是紧密围绕"大片换脑"这个钉子来展开的。

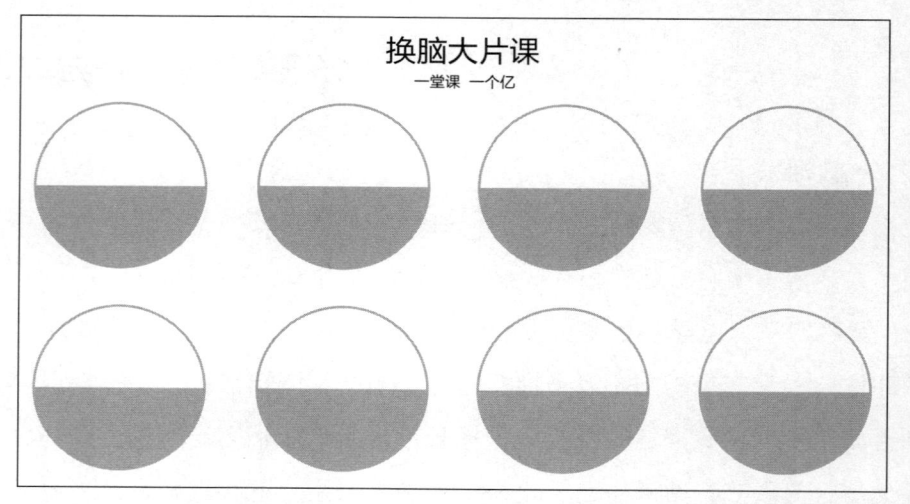

换脑大片课
一堂课 一个亿

再如"高维战略"，其第一步是紧盯"顺势借力才能改命"这个钉子。

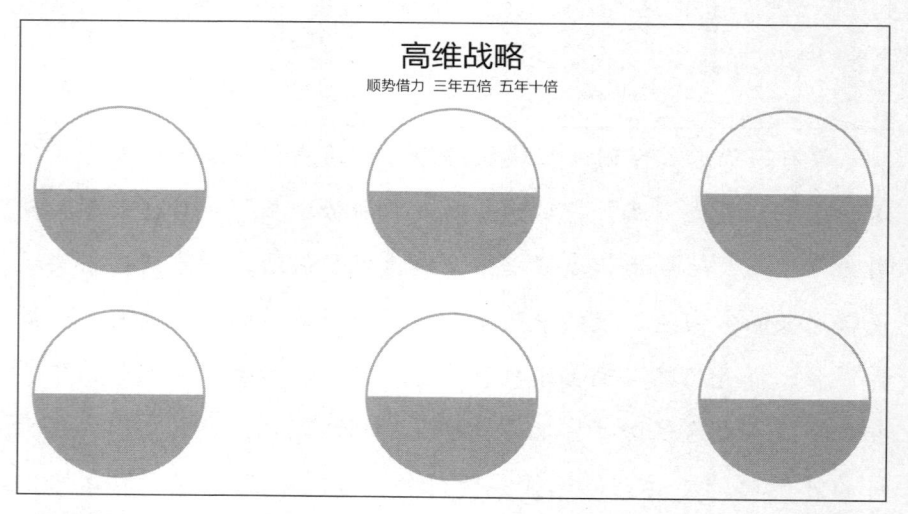

高维战略
顺势借力 三年五倍 五年十倍

展开钉子。在展开钉子的过程中，我们要明确一点：是展开钉子，而非展开主题。这与上述原理是一致的，旨在确保整个框架呈现为一层皮，实现一脉相承，而非形成所谓的两层皮。展开钉子时，我们必须遵循三大

第 2 章　好课框架

原则：有顺序，有逻辑，有共性。

有顺序，是指时间关系，确保内容在时间上有明确的先后次序。

有逻辑，意味着内容之间应承上启下，前呼后应。

有共性，强调的是底层逻辑的一致性。

例如"换脑大片课"，其第二步正是围绕钉子展开，围绕底层逻辑——大片，进行深入的展开和探讨。

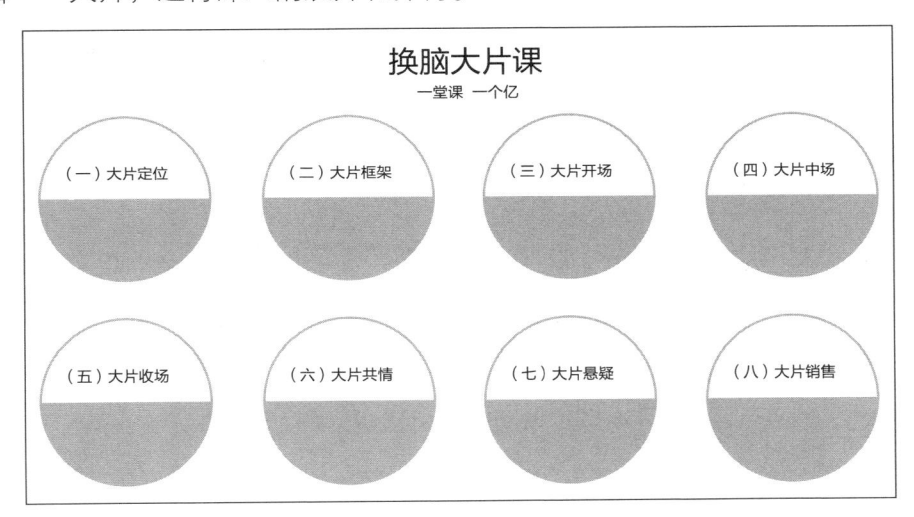

换脑大片课
一堂课 一个亿

- （一）大片定位
- （二）大片框架
- （三）大片开场
- （四）大片中场
- （五）大片收场
- （六）大片共情
- （七）大片悬疑
- （八）大片销售

再如"高维战略"，其第二步围绕顺势借力展开。

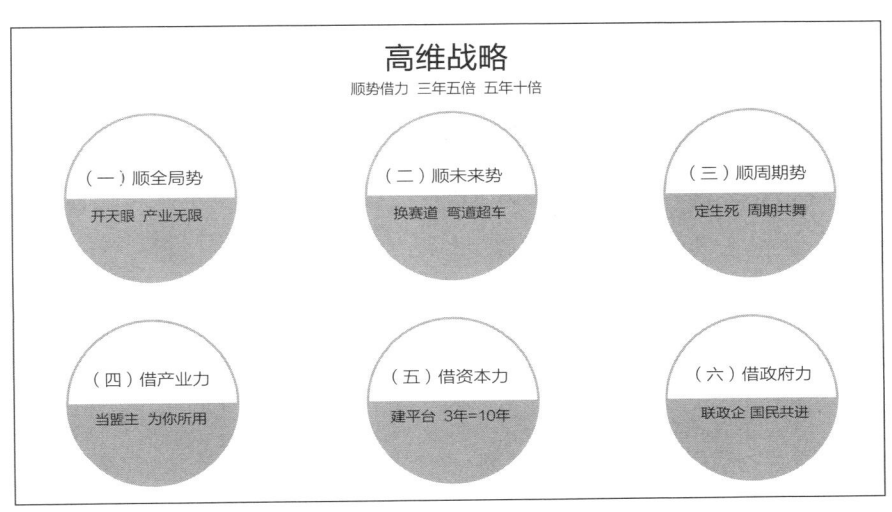

高维战略
顺势借力 三年五倍 五年十倍

- （一）顺全局势　开天眼 产业无限
- （二）顺未来势　换赛道 弯道超车
- （三）顺周期势　定生死 周期共舞
- （四）借产业力　当盟主 为你所用
- （五）借资本力　建平台 3年=10年
- （六）借政府力　联政企 国民共进

081

展开钉子的过程，本质上就是建模的过程。通常，初次建模可能会显得较为混乱，在逻辑、高度、简洁性、深度和押韵等方面难以尽善尽美。然而，这并无大碍。展开钉子的过程，实际上是对过去方法论的重新审视与重构。在初次建模时，我们首要关注的并非逻辑、高度、简洁性、深度和押韵，而是要确保整个框架与课程的核心观点和思想保持一脉相承。

最多三层。一个主题通常应分解到几层呢？我们建议将其分解为三层，其中第三层主要聚焦于具体的动作。每个模块可以视作一节课，每节课时长约为90分钟。经验表明，超过三层逻辑的课程往往会显得过于复杂，其效果通常也不会太理想。

一剑封喉

一剑封喉，实则贯穿于整个过程之中。它意味着要始终坚守一个核心原则，即将一招发挥到极致，直至击穿其核心。例如"换脑大片课"，其一招就是"大片"。因此，我们应当将大片的各个方面都锤炼到极致，确保定位、框架、开场、中场、收场、共情、悬疑和销售等各个环节都与大片的标准相吻合。

同时，每个模块也都有其独特的一招，我们同样需要将其发挥到极致。例如，大片定位的一招是"找到钉子"，为了击穿这一点，我们可以从大师论、大痛点、大竞争等多个角度出发进行深入探讨。再如，大片框架的一招是"传递信任"，要实现这一点，我们可以运用一脉相承、一剑封喉、一首诗词等多种手法。

综上所述，一剑封喉的核心动作可以归纳为两点：

取一舍九。这意味着在每个模块中，我们都要善于抓主要矛盾，直击问题的核心，即"抓七寸"，从而找到问题的本质，并集中力量于最关键的一招上。

例如"换脑大片课":

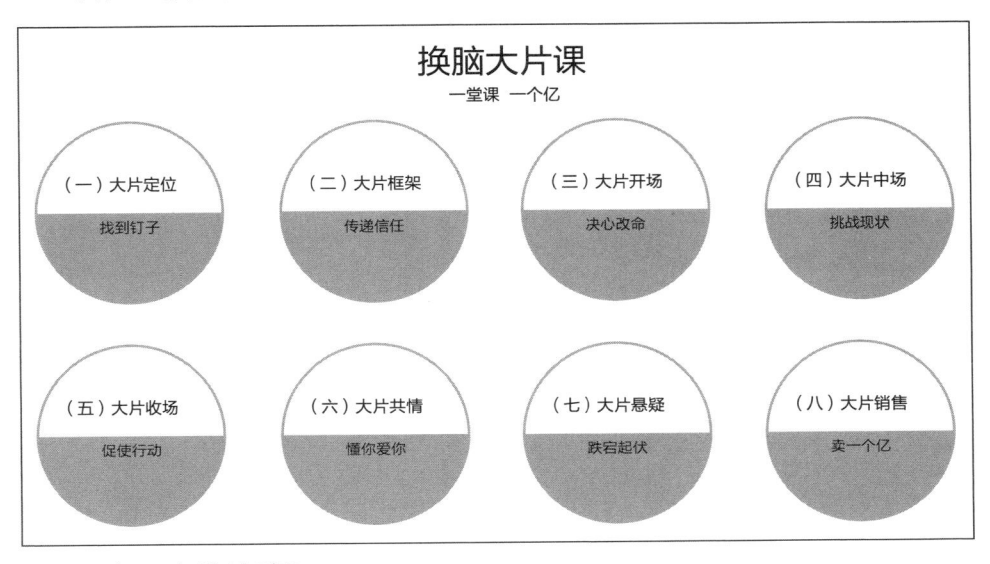

换脑大片课
一堂课 一个亿

- （一）大片定位 — 找到钉子
- （二）大片框架 — 传递信任
- （三）大片开场 — 决心改命
- （四）大片中场 — 挑战现状
- （五）大片收场 — 促使行动
- （六）大片共情 — 懂你爱你
- （七）大片悬疑 — 跌宕起伏
- （八）大片销售 — 卖一个亿

再如"高维战略":

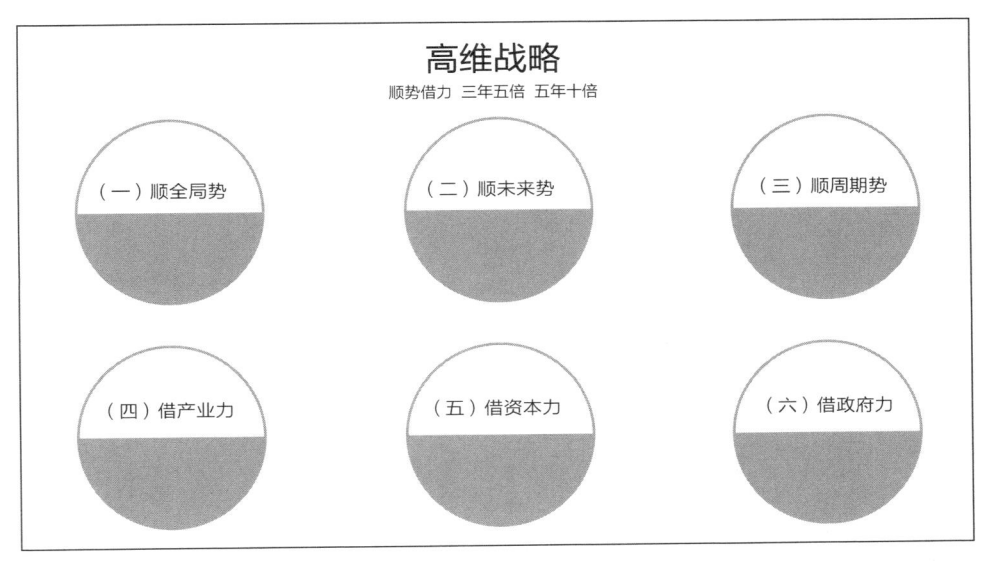

高维战略
顺势借力 三年五倍 五年十倍

- （一）顺全局势
- （二）顺未来势
- （三）顺周期势
- （四）借产业力
- （五）借资本力
- （六）借政府力

力出一孔。在围绕核心矛盾展开时，需进一步聚焦于核心要点，精准把握关键的"牛鼻子"，确保将这一招发挥到极致，实现击穿的效果。

好课像大片

例如"换脑大片课":

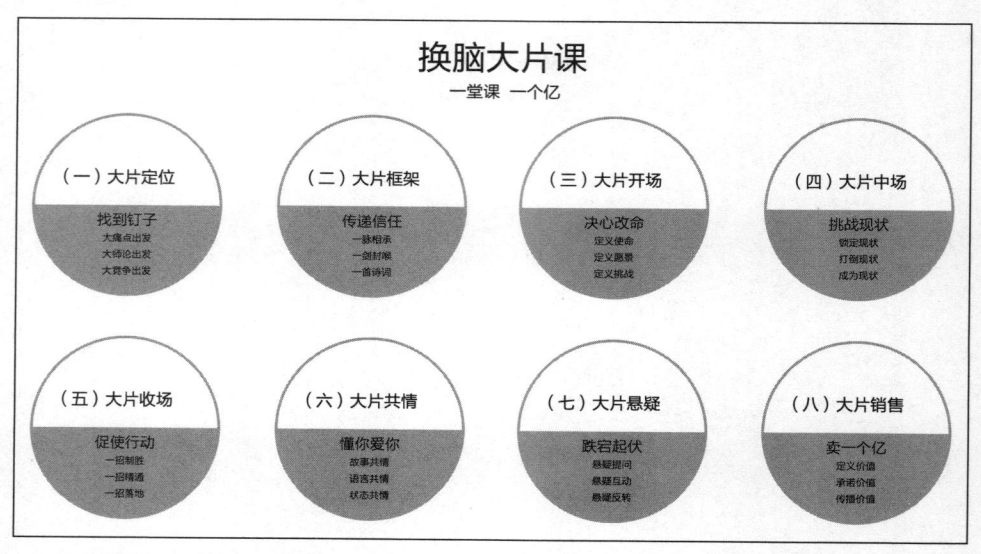

换脑大片课
一堂课 一个亿

(一)大片定位
找到钉子
大痛点出发
大师论出发
大竞争出发

(二)大片框架
传递信任
一脉相承
一剑封喉
一首钤词

(三)大片开场
决心改命
定义使命
定义愿景
定义挑战

(四)大片中场
挑战现状
锁定现状
打倒现状
成为现状

(五)大片收场
促使行动
一招制胜
一招精通
一招离地

(六)大片共情
懂你爱你
故事共情
语言共情
状态共情

(七)大片悬疑
跌宕起伏
悬疑提问
悬疑互动
悬疑反转

(八)大片销售
卖一个亿
定义价值
承诺价值
传播价值

再如"高维战略":

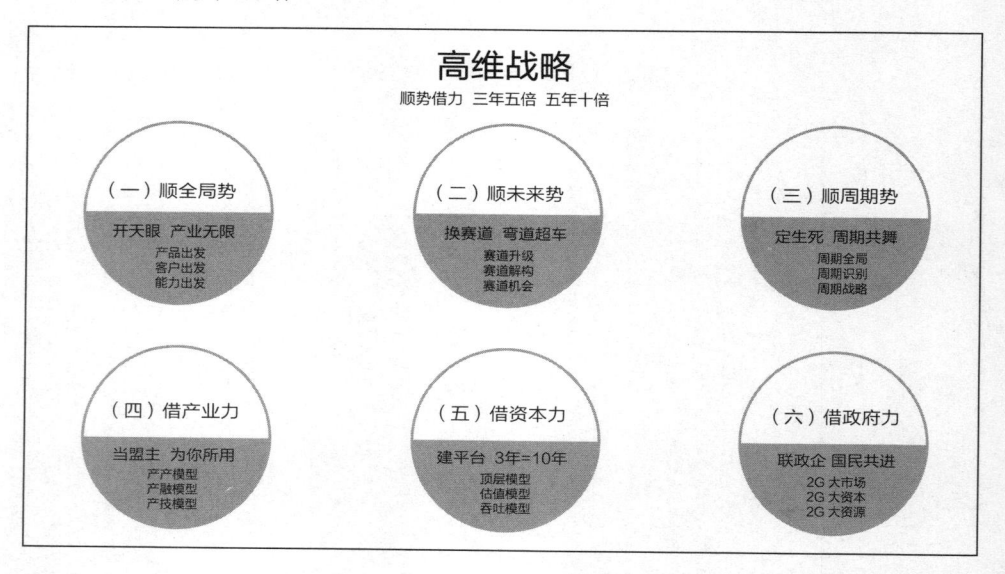

高维战略
顺势借力 三年五倍 五年十倍

(一)顺全局势
开天眼 产业无限
产品出发
客户出发
能力出发

(二)顺未来势
换赛道 弯道超车
赛道升级
赛道解构
赛道机会

(三)顺周期势
定生死 周期共舞
周期全局
周期识别
周期战略

(四)借产业力
当盟主 为你所用
产产模型
产融模型
产技模型

(五)借资本力
建平台 3年=10年
顶层模型
估值模型
吞吐模型

(六)借政府力
联政企 国民共进
2G 大市场
2G 大资本
2G 大资源

一首诗词

确保一脉相承的框架后，通常会得到一个未经打磨的原型。接下来的任务，便是与团队深入合作，共同打磨这个原型，直至它成为一本销售秘籍。这个原型的最终目标，是将其锤炼成一首诗，一首词。我们期待你，从一个专家蜕变为一个伟大的诗人，将那些复杂、枯燥、晦涩难懂、浩瀚无垠的理论与工具，化为美妙动人的诗篇。这难道不令人感到伟大吗？这的确是一件功德无量的事情！真正的好框架，其实就如同一首诗。为什么古代的诗歌能够广为流传，正是因为它们能够深入人心。

这首诗要达到的基本标准包括冲击力、说服力、记忆力。

冲击力，体现在其高度、深度与简度。什么是冲击力？就是说，当你向初学者解释时，他们能否轻松理解。如果连初学者都听不懂，那自然不会有冲击力。大师总是能用家常话讲述深奥的道理。

说服力，在于一脉相承、环环相扣、严丝合缝。什么是说服力？就是当你的课程框架被听众接收后，他们能产生强烈的学习欲望，这就是说服力的体现。

记忆力，要求押韵、逻辑清晰、内容简单。什么是记忆力？就是当你完成课程框架的讲述后，学员能否记住其中的要点。没有记忆力，就谈不上说服力。很多讲师的课程框架，连自己都记不住，更不用说让别人记住了。

因此，我们其实不是在简单地制作课程框架，而是在构建能够激发记忆力、冲击力和说服力的学习体验。这里要强调一点，美化模型是一个需要持续精进的过程。

框架工具

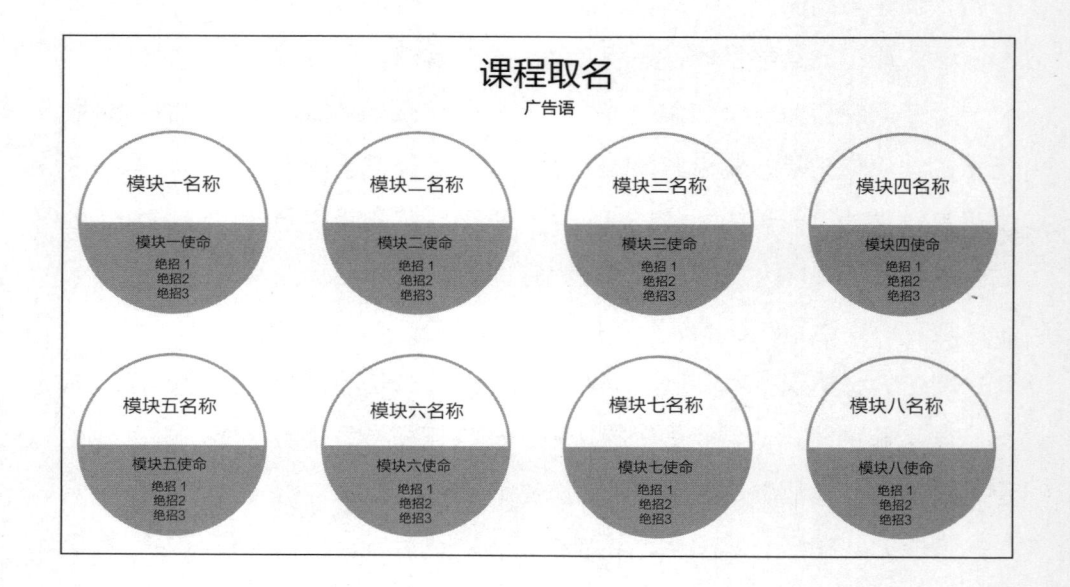

课程取名
广告语

模块一名称	模块二名称	模块三名称	模块四名称
模块一使命 绝招1 绝招2 绝招3	模块二使命 绝招1 绝招2 绝招3	模块三使命 绝招1 绝招2 绝招3	模块四使命 绝招1 绝招2 绝招3
模块五名称	模块六名称	模块七名称	模块八名称
模块五使命 绝招1 绝招2 绝招3	模块六使命 绝招1 绝招2 绝招3	模块七使命 绝招1 绝招2 绝招3	模块八使命 绝招1 绝招2 绝招3

本章总结

1. 好框架就是传递信任
2. 好框架会说话
3. 一个好框架=100个销售员
4. 好框架的标准：看一分钟，听三分钟，说五分钟
5. 罗列干货是增加复杂性
6. 如何打造框架：入脑入心才能传递信任
   - 一脉相承
   - 一剑封喉
   - 一首诗词

好课开场

第 3 章

好开场是成功一半

在一天的商业课程中,上午和下午各有两节课,每节课大约90分钟,每节课都包含一个开场环节。这意味着商业讲师至少需要进行四次开场。俗话说得好,"万事开头难",课程亦是如此,一个好的开场几乎等同于成功的一半。

事实证明,学员开场对课程的认知决定了学员全场对课程的认知。因为开场即第一印象,若开场印象不佳,整场课程将难以挽回。若开场就让学员觉得课程无价值、平平无奇、无关紧要、学不到东西、解决不了问题,那么学员潜意识里便会将你的课程定义为烂课。这样一来,即便你后续内容再精彩,学员也可能因开场的固有认知而错过你的逻辑和细节,难以跟上你的思维和进度,导致整堂课失去意义。

电影亦是如此,若开场不能吸引观众,有些观众可能选择离开,即便留下的观众也可能对电影产生不佳印象,将其视为烂片。即使他们继续观看,但由于没有进入状态,他们可能错过电影设计的逻辑细节,导致后续内容再精彩也难以理解。例如,《一代宗师》这部电影给我留下的印象便是如此,我认为其开场节奏过慢,让人难以进入正题,我甚至在观影过程中睡着了。醒来后虽然发现有些片段很唯美很精彩,但由于错过了逻辑和细节,这些片段再精彩也无法引起我的共鸣。电影尚且如此,更何况是课程呢?

事实证明,学员开场对课程的认真态度也决定了他们全场的学习态度。若开场不认真,全场便难以认真;若开场不重视,全场也会轻视。然而,只要学员一开始就进入状态,一开始就高度重视,一开始就认真,那么他们在全天的学习中都会保持这样的态度。

一亿中流的主营业务是与各地政府合作建立"高标准的加速器"。刘海峰老师举办的为期三天两晚的"高维战略"课程，不仅为企业家带来了一场关于战略认知和思想的盛宴，同时也分享了一亿中流如何伴随亿元级企业加速成长的全过程。因此，每逢开课，总有一些政府领导莅临现场进行考察。由于这些领导的工作日程相当紧凑，他们原本安排的考察时间仅半小时左右，按常规，他们会在课程现场逗留十几分钟便离开。他们此行的主要目的是评估一亿中流平台是否真正汇聚了一批亿元级企业，以及刘海峰老师的授课风格。

然而，有趣的是，每次都有部分领导在现场指示秘书调整行程，坚持要听完至少一天的课程。更有甚者，一位领导连续三次更改了行程：最初计划听完上午的课程即离开，随后决定留至第一天课程结束，最终决定全程参与，完整听完所有课程。这位领导的秘书向我们反映，这种情况在他们的工作中是前所未见的。

事实还证明，开场老师的好心情直接等同于全场老师的好心情。开好头不仅对学员至关重要，对讲师也同样关键。一旦学员一开场就能进入状态，讲师也能迅速找到感觉，进而顺利进入状态。相反，如果开场未能如愿，很可能对讲师的情绪和发挥产生不良影响。开场对于讲师来说，无疑是最大的挑战，因为紧张、因为不熟悉、因为面对的是全新的面孔。因此，我会对讲师提出一个明确的要求，那就是开场的前10分钟，绝不允许讲任何不熟悉或未经预演的内容。讲师必须运用最熟悉的语言和情景，迅速进入状态。

然而，有些讲师对此不以为然。他们可能认为每次去不同的地方，见到不同的人，遇到不同的事，都会激发出许多灵感或特别想分享的话题。但往往一上场，他们就开始分享，结果却把自己和学员都搞得一头雾水。由于他们想要表达的信息太多，很容易陷入自己的情绪中。然而，由于没有做好充分的准备，学员往往无法接收到这些信息。此时，讲师可能会想要回到他们过去经过演练的熟悉开场语境中，但往往发现已经回不去了。这样一来，他们可能越讲越心慌，越讲越没底，越讲越后悔，最终导致整堂课程的效果大打折扣。

重新定义课程开场

什么样的开场是好开场？就是那种能让学员在一开始就下定决心改命的开场！这便是好开场的真谛。

那么，什么是决心？决心即那种立即的渴望，那种时不我待的紧迫感，它包含了决心与勇气。

改命又意味着什么呢？它并非实现微小的目标或解决琐碎的问题与挑战，而是追求宏大的目标，面对重大的问题与挑战。

也就是说，好开场应当每次都能抛出大挑战，并通过塑造这些挑战来激发学员下定决心去奋斗。这样的开场，才能真正引领学员走上改命之路。好莱坞的电影不就是如此吗？它们一开场并不介绍片名、演员、编剧或导演，而是直接切入主题，为观众展现一个巨大的挑战和难题。比如《2012》这部电影，一开场就揭示了地球即将毁灭的危机，同时展现了各种自然灾害的场景，紧紧抓住了观众的心，使他们全神贯注地投入到电影中。这样的开场，不仅让观众迅速进入状态，更让他们与主人公的命运紧密相连，情不自禁地与主人公一同经历。

决心改命才能收心

一开场就决心改命，方能收心。收心，即让学员对课程和老师保持耐心、信心和决心，从而克服各种学习干扰。

克服的第一个干扰是人性。

将众多成年人集中起来学习三天，其中不乏年龄超过60岁的长者，这无疑是对人性的巨大考验。为什么呢？因为学习往往与人的本性相悖。理智上，我们明白学习的重要性，但骨子里，我们却常常抵触学习。地铁里鲜少有人主动学习，便是这一点的体现。我们的祖先在食物匮乏的时代，学习无疑是一种能量的消耗。观看电影尚能令人手心出汗，学习则更是一次精神上的体力劳动。因此，爱学习并非人类的天性。唯有在一开场便激发学员改命的决心，收其心，方能克服人性中对学习的抵触。

克服的第二个干扰是生理。

究竟是讲课更累，还是听课更累？如果深入探讨，学员可能会告诉你，听课其实更累。如果一堂课质量不佳，让人难以听下去，被迫听课的疲惫感甚至超过了讲课的辛劳。实际上，如果课程设计得当，讲师讲课并不会感到特别疲劳，但学员需要高度集中精力，面对全新的知识点，这对他们来说是一大挑战。特别是在为期三天两晚的课程中，学员需要连续静坐三天，这对年过花甲的学员来说更是一项艰巨的任务。

有些学员曾半开玩笑地对我说："夏老师，我们听课的其实比讲课的还要累。"我会回应他们："你们怎么能这么说呢？难道你们不知道，老师光是站三天也是很辛苦的吗？"他们会说："夏老师，不是这样的。老师站三天，我们坐三天，老师在台上是自由的，而我们在下面想学又学不到东西，还不能随便动，又不感兴趣，我们才辛苦呢！"我能理解他们的感受，因为我的工作就是到处听课。当一个课程无法吸引我的兴趣时，我的第一个念头就是希望课程赶紧结束，让我能够立刻离开。

因此，如果课程开场无法收心，就会消耗学员的耐心，这是非常可怕的。如何收心？关键在于开场之初就要激发学员决心改命。

克服的第三个干扰是安全。

学员置身于陌生环境时，其本能反应是保护自己，而非专注于学习。由此产生的种种不安情绪，诸如担心被要求额外付费、对同学的交流价值产生疑虑、害怕被点名回答问题，以及课程是否值得投入时间等，均会强烈干扰其学习状态。因此，课程开场的关键在于收心，而收心的核心，便是一开场便激发学员改命的决心。

克服的第四个干扰是琐事。

部分学员可能因公司或家庭的问题而心烦意乱，心思难以集中在课程和讲师身上，反而沉浸于个人琐事中。在这种情况下，学员可能表现出心不在焉、交头接耳，甚至使用手机或随意走动等行为。一旦课堂陷入混乱，讲师的授课能量必将受到影响，课程的进行也将变得困难重重。

那么，如何应对这一问题？答案依然是，一开场便必须收心。而收心的关键在于，一开场便促使学员下定决心改命。

克服的第五个干扰是情绪。

还有一些学员，由于需要支付高昂的费用，或者被老板强迫参加，可能带有不满或抵触的情绪。他们可能质疑讲师的能力，甚至抱有敌对的态度。对于这些学员，我们同样需要在课程一开始就设法引导他们改变心态，收心投入学习。

业内有一位讲师分享过他在台州讲课的经历。有一次，他被一家企业邀请去做内训。然而，课程刚开始不到30分钟，就有学员偷

偷报了警，称他是在进行成功学讲座。课程还没进入正题，外面就响起了警车的警笛声，接着一群警察破门而入，准备将他带到警局问话。这位讲师当时就蒙了，他反复向警察解释自己是在讲课，并非成功学讲师。幸好，企业的老板也在场，他一开始也感到困惑，以为这位讲师因为个人问题被警察追到课程现场。了解清楚情况后，老板赶紧向警察解释，这只是公司的内训，一切都是误会。

只有当学员收心，将注意力和焦点集中在讲师身上时，讲师才能成为全场的焦点，成为最耀眼的明星，成为绝对的影响力中心。所有人的目光都会集中在讲师身上，所有人都在用心倾听。否则，如果学员的焦点都在自己身上，那么唯有促使学员决心改命，才能收回他们的心，让焦点转移到讲师和课程上。这样，讲师一开场便能震撼全场，成为绝对的焦点。

决心改命才能受益匪浅

一开场便激发学员决心改命，这是让学员先收心再收功，从而受益匪浅的关键。决心改命的背后，是一股强烈的学习动力。没有决心改命的动力，就不可能有强烈的学习动力。缺乏学习动力，即便是再精彩的内容也无法灌输进封闭的头脑。相反，只要具备学习动力，只要有改命的决心，即便是再糟糕的课程也无法阻挡求知的渴望。

在古代欧洲的苏格兰，曾遭受外敌的侵略。王子布鲁斯带领军队英勇抵抗，却连续七次战斗均以失败告终，自己也受伤躺在木板上。无意中，他看见屋顶上有一只蜘蛛正在织网。突然，一阵大风吹来，蜘蛛丝断了，网破了。这只蜘蛛并不放弃，一次又一次地重新开始结网，连续七次都未能成功。然而，在第八次尝试时，它终于成功了。布鲁斯王子猛地跳起来，高喊："我也要尝试第八次！"你看，只要有求知的欲望，即使是一只蜘蛛也能教会你东西。如果没有强烈的求知欲望，再精彩的内容也无法被吸收。

为什么同样的讲师、同样的课程，教出来的学员却有天壤之别？关键在于学习动力和兴趣，而非智商。因此，商业讲师要想确保学员有所收获，首先需要考虑的不是课程内容本身，而是如何激发学员的学习动力。

有大挑战才会引发改变

一开场就让学员决心改命，这难吗？当然不容易！除非你能在开场时就提出学员面临的大挑战和大痛点，让他们意识到改变的必要性。

什么是大挑战？它既是学员感到难受、想要解决、深受困扰的难题；同时，它也是学员心中渴望、向往、追求的目标。大挑战，既是大痛点、大问题，也是大目标。

要判断一个挑战是否够大，取决于三个核心指标：够大、够刚、够尖。

够大，是因为痛点要能够让学员刻骨铭心，每当提起这个大痛点，都能在学员的脑海中激发出鲜明的画面感，引发他们的向往，唤醒他们的潜意识。

什么是好课？好课就是能够换脑。对于很多讲师而言，难道给学员换脑不是一个令人向往的目标吗？"换脑"这两个字很快就在很多讲师的脑海中形成生动的画面，下意识地激发他们的潜意识。

什么是好的开场？好的开场就是能够促使学员下定决心改命。

对于很多讲师来说，一开场就能让学员下定决心改命，难道不是非常令人向往的吗？这难道不是讲师梦寐以求想要实现的吗？"决心改命"这四个字，同样能迅速在脑海中形成鲜明的画面感。

够刚，意味着学员愿意为这个痛点付出高额的费用，不仅是一般的开销，而是大手笔的投入。

假设存在一种服务能够帮助讲师的课程实现给学员换脑的效果，那么讲师愿意为这样的服务支付多少钱呢？我相信，大多数讲师都会表现出强烈的付费意愿。就像第一次"夏晋宇大片课"结束后的情况那样，由于是首次开讲，我们并未预设后续为讲师提供哪些具体服务。然而，课程结束后，讲师自发地组织起来，表达他们的需求，并明确表示愿意为此支付相应的费用。

够尖，则意味着痛点应该集中在一个核心问题上，需要我们将这一个痛点深入挖掘。如果痛点过于分散，那么实际上就等于没有明确的痛点。只有一个明确的痛点，才能引起人们的高度重视，也才能让人们下定决心去改变。

在企业调研后，如果我们向CEO汇报说："通过我们详细的调研，发现企业存在100个问题。"作为CEO，你可能觉得这是常态，哪家企业没有问题呢？可能并不会太在意。但是，如果我们告诉CEO："通过我们的深入调研，发现企业存在一个极为关键的问题。"此时，CEO会立刻表现出浓厚的兴趣，追问具体是什么问题，并决心要采取措施加以改进。

我们个人也是如此，如果有人说我们有100个缺点，我们可能不会太在意；但如果有人说我们有一个大缺点，我们就会高度重视。

课程也是如此，开场时必须聚焦于一个大痛点。如果我的课程开场就宣称要解决讲师课程中的100个问题，又有多少讲师愿意来听呢？

因此，要让学员在开场时就决心改命，关键在于你能否在开场时就提出大挑战。

抛出大挑战的本质是重新定义行业标准。

- 特劳特对品牌进行了重新定义：什么是好品牌？客户首选的品牌才是好品牌。
- 波特对战略进行了重新定义：什么是好战略？在产业中占据最佳位置的战略才是好战略。
- 夏晋宇对商业课程进行了重新定义：什么是好课程？能够换脑的课程才是好课程。
- 滴滴对出行方式进行了重新定义：什么是好出行？能够随时随地随叫随到的出行才是好出行。
- 苹果对手机进行了重新定义：什么是好手机？具备上网和音乐功能的手机才是好手机。

正是因为他们重新定义了行业标准，重新定义了"好"的含义，才改变了行业发展的轨迹，提升了行业整体水平，为客户创造了更大的价值。

定义大挑战就是定义大成果，就是定义行业标准。因为你的标准极高，从而成为行业标准。

商业讲师和企业也是如此，一流的讲师制定标准，二流的讲师打造品牌，三流的讲师讲授课程。好的商业讲师应该重新定义标准，而且是制定高标准，标准越高，成果越显著。行动教育的李践老师经常告诉企业家："标准极高，动作极简，速度极快，成果极大。"这句话难道不适用于我们今天的商业讲师吗？我们的商业讲师要成就一番大事业，要真正成为大师，难道不应该重新定义自己研究的领域吗？难道不应该重新定义战略、品牌、组织等吗？商业讲师同样需要做到"标准极高，动作极简，速度极快，成果极大"。

也就是说，我们在讲授所有商业课程时，进行课程定位本质上就是重新定义行业标准。课程定位后，需要落实到课程框架中，这意味着课程框架中的每一个模块也都需要重新定义标准。只有当框架中的每个模块都是高标准时，整个课程才能达到高标准。

> "大片课"的整个高标准要求"给学员换脑"，这就意味着全场的每一个模块和细节都要达到高标准。具体来说，比如课程定位就要像钉子一样深深地扎进学员的脑海中，课程框架就要赢得学员的信任，而课程开场就要让学员下定决心改命。

为什么好课一开场就能让学员决心改命？就是因为重新定义了行业，建立了高标准。有高标准才会有高追求，有高标准才能凝聚人心，高标准才能引领同行，改变世界。高标准的背后是疯狂创造价值。正是因为课程标准的不同，才成就了不同的商业课程。

> 税务筹划的标准是什么？有的讲师定义为合规，有的讲师定义为"不仅合规，还要节税"，还有的讲师定义为"让税成为企业竞争力"。正是因为不同讲师对课程标准的定义不同，才成就了不同的商业课程，而卓越的讲师永远在追求更高的标准。

商业的本质也是解决大挑战，重新定义行业标准。

为什么滴滴如此受欢迎？因为它解决了司机找不到乘客、乘客找不到司机的大挑战，重新定义了出行新标准"随时随地随叫随到"。

为什么淘宝能够成功？因为它解决了在淘宝网站上什么都能买到的大挑战，重新定义了交易平台新标准"让天下没有难做的生意"。

为什么京东能够脱颖而出？因为它解决了正品24小时送达的大挑战，重新定义了电商新标准"正品24小时送达"。

即便在电商竞争激烈的环境下，拼多多依然能够出现，因为它以"就是便宜得让人尖叫"重新定义了电商新标准。

商业课程同样如此，如果想让学员决心改命，你的第一步就是抛出大挑战，重新建立行业标准。但很多讲师做不到这一点。他们找不到大挑战，或者找到的挑战不够大，或者是一些不痛不痒、无法引起共鸣的挑战，还有的讲师根本不敢建立行业标准。

"挑战没有感觉"或"不建立行业标准"对课程而言是最大的死穴。这意味着你从一开始就在解决一个假问题，一个大家都不关注的问题，你没有找到真正的问题所在，你在浪费学员的时间，这样的课程注定会失败。但市场上类似的课程实在太多了，它们是没有出路的。

大共鸣才会决心改命

面对大挑战，你还需要激起学员的大共鸣，激励他们下定决心战胜大挑战。仅仅指出大痛点是不够的，因为在很多情况下，人们对痛点已经变得麻木。要促使学员下定决心去改命，你需要塑造并激发这些大痛点。仅仅揭开伤口是不够的，还需要在伤口上撒盐，甚至放蚂蚁，以此放大痛点。

通过塑造和激发，你能够放大痛点，让学员感同身受。只有这样，你的每一句话才能触及他们的内心，每一句话都能得到他们的响应，每一句话都能引起他们的共鸣。你需要完全站在学员的角度，为他们着想，设身处地地考虑问题。

当你提出大痛点后，要让学员感觉到你真正理解他们，让他们觉得终于找到了知己。学员会百分之百地确定你和他们是一伙的，你们是兄弟，是战友，你们要一起完成一件大事——解决大痛点。

因此，所谓的大共鸣，就是让学员对大痛点有深刻的认识，并痛下决心去改命。就像电影《2012》那样，一开场就展示地球即将毁灭的场景，同时塑造各种自然灾害频发的情景。尽管面对大自然的威力和各种难以置信的挑战，人类显得无能为力和无助，但这些虽然是虚构的，观众却感觉如同现实一般，开始担忧人类的命运。作为观众，你也会被电影情节所吸引，沉浸在其中，思考各种可能的解决方案。

面对挑战，人们往往不愿采取行动，这是因为人性本能地趋利避害。归根结底，要么是因为"利"不够吸引人，要么是因为"害"不够严重。

我经常讲述的一个故事是这样的。有一条河，河中栖息着很多凶猛的鳄鱼，一旦有人不慎落入，便会被它们所吞噬。河中央有一座桥，但桥身极为狭窄，成功过桥的概率仅为60%，很多人都在此桥上失足落入河中。现在，如果我问你是否愿意过这座桥，你很可能会说："不，我才不会过，除非我疯了！"如果我提出，如果你成功过桥，我就给你10万元，你愿意尝试吗？你可能仍旧会拒绝，因为风险太大。那么，如果我将奖金提高到1000万元，你愿意尝试吗？这时，你或许会犹豫几秒钟，但最终可能还是会拒绝，心想自己虽然心动，但并不认为自己有命去花这笔钱，于是决定还是放弃。接着，如果我告诉你，你心仪的女神就在河对岸，你会去尝试吗？这时，你可能会感到一阵冲动，但冷静下来后，你可能会认为生命更为宝贵。

那么，在什么情况下，你会不顾一切地过桥呢？那就是当你的背后有火焰追赶，如果你不爬过去就会被烧死，而爬过去就能与她相会时，你一定会毫不犹豫地冲过去，速度之快，连兔子都望尘莫及。

这时候，我们不仅要挖掘痛苦，更要塑造价值。一般而言，短期动力确实来源于挖掘痛苦，但长期动力则更多地依赖于塑造价值。

然而，很多商业讲师并不愿意深入挖掘痛苦和塑造价值，他们更倾向于频繁出招。

请务必记住，如果你提出了一个大挑战，但人们对此毫无感觉，那么请务必慎重出招。否则，学员不仅不会珍视你的绝招，反而可能会产生怀疑，甚至觉得这只是一场表演。

例如，如果一个病人并不认为自己有病，你给他药，他会吃吗？他不仅不会吃，可能还会责怪你！你的好意可能被他误解，他甚至可能以为你居心不良。

再如，如果一部电影一开场就试图把观众带到火星，你会感到激动吗？你可能不仅不会激动，反而会感到困惑：地球不是很好吗？为什么要去火星呢？除非电影告诉你，地球即将毁灭，这时观众才可能产生强烈的改命的紧迫感。

曾有一位在亲子关系研究上造诣深厚的讲师，在业界享有很高的声誉。十多年前，有一次她与我沟通时，一谈到她的研究领域，她就兴奋不已，并热情地邀请我去听她的课。她坚称她的课程非常出色，并确信我会从中受益，对我的孩子也会有很大的帮助。我相信她的课程一定很出色，但我一直保持平静的态度。最后，她有些惊讶地看着我，终于问道："你有小孩吗？"我只好无奈地告诉她，我不仅没有小孩，连另一半都还不知道在哪里呢。她听后大笑，我也跟着笑了起来。

是啊，我之所以表现得如此无动于衷，是因为我没有这方面的需求。即使她讲得再好，也很难触动我，因为她的内容对我来说太遥远，我没有感受到痛苦，而没有痛苦，就不会有改变的决心。

第 3 章　好课开场

开场切勿塑造自己和教训学员

什么叫塑造自己？有些讲师在开场便大肆宣扬自己的厉害之处，声称马云、马化腾都要尊称他为老师，声称字节跳动今日的成就全是他的功劳，甚至声称自己助力了无数上市公司，全球500强中的50强都聘请他作为首席顾问，那些企业的重大决策非得经过他的确认才敢实施，各地首富都是他的门生，每年收入近亿元，各种照片视频都是证据确凿……

每次有讲师这样开场，主办方的工作人员往往带头尖叫，学员也会不自觉地跟着鼓掌，于是台上的讲师讲得愈发激昂，真是讲得口沫横飞。

还有一种开场方式是教练学员。有些讲师一开场会说：今天大家都是同学，我发现越是事业有成的老板越热爱学习，越显得谦虚。相反，事业较小的老板往往对学习不感兴趣，缺乏远见，甚至目中无人。其实，今天来听我课的人你很幸运，这堂课可能会改变你的命运。但是，请注意，我的课不是每个人都能听懂的。如果你资质一般，境界不高，很可能听不懂我的课。听不懂的人往往心浮气躁，容易责怪讲师。但你应该反思，为什么别人能听懂你听不懂？为什么别人有收获而你没有？为什么你的企业规模有限？就是因为你连课都听不懂，听不懂还抱怨。这样的老板难有大的成就。记住，小老板往往只关注实际操作，大老板则会深入思考。

现在，请讲师闭上眼睛，想象一下，假如你是学员，台上站着一位讲师，一开场便大肆吹嘘自己或试图教练你，你会有何感想？恐怕你最直观的感受会是"成功学又来了"，这样的做法确实令人反感，甚至让人觉得十分无耻，简直是恬不知耻。

试想一下，如果真是马云和马化腾出来分享经验，他们会不会采取这样的方式？

试想一下，如果没有这么多听众，台下仅有一位学员与你聊天，你会选择这样的开场方式吗？

试想一下，如果你是观众，面对这位讲师，你会产生共鸣吗？你会因此下定决心要改命吗？

塑造自己，教练学员的方式如果未能激发学员决心改命，反而可能导致学员与讲师站在对立面。

首先，当学员对你讲的内容不感兴趣时，你讲的80%的内容都会从他们左耳进右耳出。这是因为他们的心思并不在你身上，对你的内容产生抵触情绪，即便你讲得再好也难以打动他们。

其次，学员可能会对你产生怀疑。他们会想，你这么厉害为什么还要给我们讲课？难道你是个骗子？

我曾参加过一次业内知名培训机构举办的"销讲"课程。那个讲师一开场就大肆塑造自己的形象，作为观众的我当时都觉得有些尴尬，那些话我真的说不出口。尽管我对此感到反感，但还是佩服这个讲师的厚脸皮。课程快结束时，这个讲师开始推销他的课程，一个三天课程收费2.5万元。下课后，我去卫生间时恰好听到几个学员在聊天。其中一个学员调侃道："这个老师这么厉害，就差我这2.5万元了。"结果，卫生间里的所有学员都忍不住大笑起来，我也跟着大笑，差点笑出眼泪。

最后，学员可能还会对你提出挑战：你既然这么厉害，那一定要让我看到实际成果，我可是花了钱的，如果没有结果，我一定会让你难堪。

在上一节，我分享过一个故事。我认识的一位讲师去台州讲课，他一开场就尝试教练学员，结果有个学员偷偷报了警。不到30分钟，外面警灯闪烁，警察破门而入，差点就把这位讲师带走了。

你看，这种过度塑造自己的做法，反而让自己站在了学员的对立面，并没有促使学员下定决心改命。

我还曾参加过另一位讲师的课程。这堂课从头到尾，讲师也是不停地自夸。每次讲到他的成功案例时，他总是这样开场：某某企业家找到我的第一句话就是，"某某老师，你一定要救救我啊"。

为了让自己塑造的形象更加真实可信，这位讲师还公布了他服务过的企业。结果我看到旁边的学员立刻拿出手机，用百度和企查查进行搜索。我也跟着搜了搜，结果发现他公布的企业中，有的已经注销，有的成了失信人。这真的是瞬间被大数据打了脸。更让我震惊的是，一输入这位讲师的名字，他讲的这些案例企业就自动显示在搜索栏里，这意味着不仅一个人在查，也不是学员现在才查，而是早就有人查了。可笑的是，这位讲师对此一无所知。如果他知道学员早就有了"照妖镜"，他恐怕会羞愧得想找个地缝钻进去。把服务的对象讲得如此糟糕，这样能抬高自己的形象吗？当然不能，反而只会让人反感。他可能暂时赢得了课程现场某个人的好感，但我可以肯定地说，他失去了剩下99个人的尊敬。

到底应不应该塑造自己呢？有一次，讲师向我提出了这个问题。实际上，适度塑造自己是可以的，但务必记住两个原则：第一，千万不要一开场就大肆塑造自己，因为这样做往往会让大多数人感到反感，反而站在了听众的对立面；第二，塑造自己要有度，你可以分享自己的梦想，但不要过分夸大自己的能力和成果。那么，什么时候适合塑造自己呢？当然是在你展示独门绝技的时候，或者在你深入剖析案例之后，又或者在你分享完最佳成功实践之际，这时候适度塑造自己是恰当的。

有些讲师会对我提出质疑，说："我以前就是这样塑造自己的，效果很好啊。"或许他们的经验在某个时期是有效的，但那个时代已经一去不复返了。如今，单凭疯狂的自我塑造已难以取得成功。

塑造挑战才能让学员决心改命

如何才能促使学员下定决心改命呢？关键在于塑造挑战。仅仅找到大挑战并抛出是不足够的，更重要的是要塑造大挑战。

大片之所以能够吸引观众，即使明知地球毁灭只是虚构，挑战只是电影中的主人公所面对的，但通过巧妙的塑造，观众仿佛能感同身受，对解决挑战充满期待。

同理，课程也需要通过塑造挑战，将讲师所面临的挑战转化为学员共同的挑战。尽管学员付费上课是寻求答案的，但讲师需要巧妙地通过塑造挑战来"成功转移焦点"，使学员愿意主动迎接挑战。唯有如此，学员才能产生学习动力，收心专注，并最终获得成功。

为什么能做到这一点呢？关键在于利用人们的共情能力。通过巧妙的塑造，我们能够激发人们的共情能力。

假设我们去观看一场演讲比赛，某个选手站在台上却一句话也说不出口，在台上手足无措，显然他感到非常尴尬。难道只有他一人尴尬吗？并非如此，台下的多数观众其实也会感到尴尬，大家不自觉地为他担忧，为他加油，真心希望他能够尽快进入状态。而且你可以预见，观众会自然而然地为他鼓掌加油。为什么会这样呢？因为感到难受和尴尬的不仅仅是这位选手，还有台下的一大群观众！因此，常说的一句话很有道理：只要你自己不尴尬，尴尬的就

是别人。这句话确实道出了真谛。

看电影时，有些情节能令人手心出汗，紧张到极点。比如电影片段中，桌子上的一杯茶突然掉落，你甚至会不自觉地伸手去尝试抓住它。

这正是人们共情能力的体现，每个人或多或少都具备这种能力，关键在于如何激发和塑造它。

要让学员深切地感受到，你们是一个团队，共同致力于完成一件重要的事。这样，他们才会下定决心去改变，寻找突破和解决方案。但现实是，学员来上课往往是希望从讲师那里得到答案，而不是与讲师一同寻找答案。

学员来听课，本意是寻求答案，然而，如果讲师一开场就表示自己没有答案，需要一起寻找，甚至让学员自己去寻找，这怎能不让学员感到焦虑呢？毕竟，如今的课程学费不菲，我曾开发的一堂4天3晚的课程，价格高达9.8万元。如此昂贵的学费，学员当然期望得到明确的成果。而且，除了学费，学员还付出了宝贵的时间，这是巨大的机会成本。他们自然希望从讲师那里得到答案，期待有所收获。但一旦学员抱着这种心态，讲师的课程又怎能讲好？当一个人向别人寻求答案时，往往伴随着怀疑、质疑和不认可。这是不争的事实。

因此，课程的开场至关重要，要迅速引发学员的共鸣，让他们深切地感受到与讲师的紧密联系，共同追求一个目标。这样，学员才会从一开始就下定决心去改变。

好电影与差电影的区别，好课与差课的差异，也在于此。差电影和差课让人难以投入，毫无期待，更别提有所改变了。因为它们无法引起观众或学员的兴趣和共情，更别提共鸣了。而好电影和好课，一开场就能让人静下心来，迅速与观众或学员产生共情，引发强烈的共鸣。

唯有通过塑造，我们才能将学员的焦点聚焦在解决问题上，尤其是那些极具价值的问题。人们总是对自己的问题抱有极大的兴趣。我儿子就经常和我玩脑筋急转弯的游戏，他会问我："冻疮长在哪里你最不担心？"答案当然是："长在别人的手上。"又或者他会问："什么时候别人欠钱你最不着急？"我回答："只要不欠我的就行。"这些看似是笑话，实则揭示了人们对自己问题的关注。

所以，特劳特定位提到"心智注册才能赢得客户首选"，这就突出了赢得客户首选的重要性。为什么客户首选如此重要？原因在于人的心智容量有限，通常只能记住有限的几个品牌。因此，特劳特强调了塑造客户首选的重要地位。

波特竞争战略所言"五力模型才能赢得产业最佳位置"，这强调了占据产业最佳位置的重要性。为什么同一产业中，有的企业盈利丰厚，有的却难以维持？原因就在于产业位置的不同。

王老吉的广告语"怕上火，喝王老吉"，这实际上是在强调预防上火的重要性。

塑造挑战方法论

怎么塑造挑战，从而促使学员一开场决心改命呢？

定义挑战——要去哪（我们要干件什么大事）

塑造挑战的第一步是定义挑战。定义挑战，实则在于为学员指明方向，告知他们我们的目的地（要去哪），以及我们要共同实现的宏伟目标（要干件什么大事）。

举例来说，什么是好课？好课意味着能够给学员换脑，这无疑是一项大挑战。我之所以开设"夏晋宇大片课"，正是为了引导讲师重新研发课程，而"给学员换脑"正是我与讲师共同追求的目标。

什么是好的课程定位？好的课程定位意味着找到钉子钻进学员脑袋，这也是一项大挑战。我之所以要带领讲师重新审视课程定位，是因为"找到钉子钻进学员脑袋"正是我们共同追求的目标。

什么是好的课程框架？好的课程框架意味着能够有效地传递信任，这同样是一项大挑战。我之所以鼓励讲师重构课程框架，正是希望我们能够通过"用框架传递信任"来达成共同目标。

什么是好的品牌？好的品牌意味着成为客户首选，这同样是一项大挑战。特劳特之所以推广《定位》一书，正是为了引导企业家重新定位企业，使"客户首选"成为我们共同追求的品牌效应。

所以定义挑战显得尤为关键，那么，如何定义挑战呢？关键在于两个核心动作：抛出挑战与解释挑战。

抛出挑战。此动作必须站在学员的角度，而非仅从自身出发。以课程开场为例，到底是选择"让讲师成为焦点"还是"让学员决心改命"呢？关键在于我们的角度。显然，"让讲师成为焦点"是站在讲师的角度，这并不恰当。正确的做法应是站在学员的角度，引导他们坚定改命的决心。因此，抛出挑战时，务必从学员的角度出发，避免自说自话。

原小米的法律顾问何老师曾与我探讨股权的本质，他形容股权为"权力的游戏"，这一观点颇为深刻。我随即询问他这一观点是讲给谁听的，他回答说是讲给老板听的。这就引发了一个问题：老板真的希望将股权视为权力的游戏吗？这恐怕还需要我们进一步探讨。

定义挑战，实质上就是重新定义行业的标准，重新界定什么是"好"。以课程为例，什么是好课？好课就是那种能够让学员换脑的课程，这就是在重新定义行业标准。讲师对标准的理解不同，必然会导致整个课程的走向发生翻天覆地的变化。

例如，如何定义好的税务筹划？有的讲师认为应"防范税务风险，安全第一，确保老板安心入睡"；有的讲师则主张"尽可能节税"；还有的讲师提出"让税成为企业竞争力"。

再如，如何定义好的战略？有的讲师着眼于"产业最佳位置"；有的讲师追求"择高而立，成为世界级的"；还有的讲师以"改命"为标准。

在我的一次课程中，大家都在尝试重新定义标准。李小雄曾在小米工作十年，如今出来讲授"爆品八步法"。那么，如何定义爆品呢？显然，我们不能再用过去那种方式，比如仅仅以销售额来衡量。十年前，我就曾为金错刀的"爆品战略"做过类似的定义，但现在时代已经变了，小米的高管都在讲述爆品，那么李小雄又该如何定义好的爆品呢？恰好，讲授"屏蔽竞争"的快刀何老师也在现场。他给李小雄的建议是：爆品，就是未做先大卖。这一观点一经提出，便让所有讲师，包括我在内，深感震撼，觉得极具冲击力。这对李小雄来说，无疑是一个新的使命和挑战，他不仅要将爆品卖爆，更要实现未做先爆的壮举。

正是不同的标准定义，才成就了各式各样的商业课程。越是卓越的商业课程，其标准往往越高。标准越高，带来的挑战就越大，对行业的改变也更为显著，从而给学员创造的价值也就越大。从某种意义上来讲，不断提高标准，本质上就是在"疯狂为客户创造价值"。

然而，这些不同的标准定义究竟是从哪里来的呢？如果没有一定的规律，就会漫无目标，最终只会让学员感到困惑。因此，我们需要深入洞察事物的本质，只有真正看透本质，才能对标准进行深度思考。

例如，为什么好战略的标准可以设定为"产业最佳位置"或"择高而立，成为世界级的"或"改命"呢？这需要我们回答"战略的本质"这一问题，要深入理解"什么是战略"。战略，本质上就是一种选择——选择做什么，不做什么。基于这种对战略本质的认识，不同的讲师对好战略的定义也会有所不同。有的讲师认为好战略就是"改命",有的讲师认为战略就是"产业最佳位置",还有的讲师认为战略就是"择高而立"。

再如,关于税的问题。交易生税,税的本质源于交易。基于这种对税本质的认识,不同的讲师对税务筹划的定义也会有所差异。有的讲师认为好的税务筹划应该是"交易合规,确保安全",有的讲师则主张"交易改变,合理节税",还有的讲师认为税务筹划是"商业模式的设计,让税成为竞争力"。虽然税的本质相同,但不同讲师对税务筹划的标准理解不同,这使得课程内容发生了重大变化。

综上所述,定义行业标准的关键在于:先看本质,再定标准。

毫无疑问,标准必须清晰具体,且要高。很多课程之所以缺乏吸引力,正是因为缺乏明确的标准,内容模糊,泛泛而谈。比如,有的课程动不动就提到"增长",却讲不清楚其中的具体含义和操作方法。

解释挑战。一般而言,如何解释挑战呢?我们通常从"是什么"以及"不是什么"这两个角度来阐述。

对于"好课就是换脑"这一说法,我们可以这样解释。

好课就是换脑

换 ─┬─ 新　　　换 ─┬─ 洗
　　├─ 更　　　　　├─ 过
　　├─ 代　　　　　└─ 神
　　└─ 深

换的是"新",包括新的认知、新的观点、新的底层逻辑、新的方法论。

换的是"更",意味着追求更好的、更先进的、更佳实践的、更有成果的、更符合时代的内容。

换的是"代",这代表着对原有认知的替代、革命、清除,是在脑袋里重新安装上新的操作系统。

换的是"深",意味着实现深刻认知的改变和深度认知的突破。

换脑不是洗脑,不是精神传销、精神控制,更不是心灵鸡汤和成功学。它不是在人们脑袋里种下"病毒",使人们好高骛远,陷入不切实际的疯狂。

换脑也不是简单的过脑,即往学员脑袋里输入一堆知识,但这些知识并没有转化为他们新的认知和底层逻辑,因而没有被实际运用。随着时间的推移,这些知识在脑袋里仅仅过了一遍就被自动遗忘了。我们从小到大学了很多知识,但大部分最终都还给了学校。商业课程并非简单的知识传授或基础教育,它旨在引发认知的深度改变,实现真正的换脑,成为人们工作中的新底层逻辑。

定义价值——好在哪(为什么我们要干这件事)

塑造挑战的第二步是定义价值,这意味着我们需要明确回答"好在哪"的问题,即为什么要干这件事,它所带来的意义何在。

例如,当我们说"好课就是换脑"时,那么为什么要进行换脑呢?换脑的价值与意义是什么?

课程为什么要设置钉子?设置钉子的价值和意义是什么?

框架为什么需要赢得信任?赢得信任的价值和意义是什么?

如何定义价值呢?关键在于两个动作:塑造好处与挖掘痛苦。通过正反对比的方式,我们要深入展现挑战的价值与意义。只有当这两个动作执行得恰到好处时,我们才能真正实现"先撕开伤口,但这仅仅是开始,还需要在伤口上撒把盐,最后,再放上几个小蚂蚁",使学员深刻体验到挑战的重要性。

第一,塑造好处:解决这个挑战,能带来哪些好处?

抛出好处。愿景的设立不应超过三个,最好只有一个。例如,"换脑才能改命"就是一个愿景,它能够将梦想转化为现实,将未来拉近至现在。

愿景的表述,通常采用成功的本质进行描述,例如,使用"就是""才能""意味着""等于"等词汇。

解释或案例。我们需要通过具体的案例或语言描述,来解释为什么这个愿景是可行的、是必要的。

如何解释"换脑才能改命"呢?

换脑才能改命

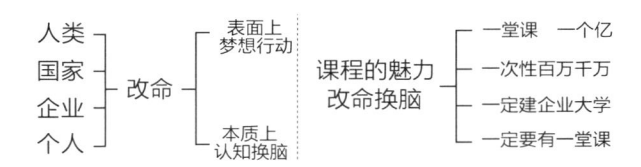

```
人类 ┐       ┌ 表面上          ┌ 一堂课 一个亿
国家 │       │ 梦想行动  课程的魅力│ 一次性百万千万
企业 ├ 改命 ─┤          改命换脑 ├ 一定建企业大学
个人 ┘       └ 本质上          └ 一定要有一堂课
             认知换脑
```

不换脑就没有兑现课程价值　　　认清本质才会尊重理解敬畏

人类命运改变史实则是一部换脑史。从马车到汽车,从蜡烛到电力,从书信到手机,人类的生活发生了巨变,而推动这些巨变的正是人类认知的不断改变与升级。从认知层面来看,今天的人类与1000年前的人类有着天壤之别,他们头脑中的思维观念截然不同。

国家亦是如此。乾隆四十一年,大清帝国正值鼎盛时期,GDP跃居全球首位,乾隆自封为十全老人,人们沉浸在"普天之下莫非王土,率土之滨莫非王臣"的陈旧观念之中。然而,正是在这一年,英国的瓦特发明了蒸汽机,引领英国步入了工业革命的浪潮;英国的亚当·斯密出版了《国富论》,奠定了现代经济学的基础,揭示了市场经济中那只无形的手;美国正式独立,并发表《独立宣言》,宣告"人人生而平等",开启了美国社会的新篇章。这三个国家因不同的认知而走向了截然不同的命运之路。

企业亦是如此。企业间的竞争，本质上是认知的竞争；企业间的差异，本质上也是认知的差异。企业家的认知决定了企业的上限。我至今仍记得一段《人物》采访马云的视频，记者问及马云为什么如此坚定地相信互联网，即使被人称为疯子、骗子，马云回答说："我看见了，我看见了。"因为看见，所以相信；因为相信，才会如此坚定与无畏。

其实，个人命运亦是如此。认知换脑改变了无数人的命运轨迹。我有个朋友，正是因为对《破产法》有了新的认知，才拯救了自己的家庭和企业。在"换脑"前，他认为破产就意味着家破人亡；换脑后，他才发现《破产法》既保护债权人，也保护债务人，通过破产重整，企业可以重获新生，实现债权人和债务人的共赢。最终，他不仅成功拯救了自己的企业，还成为重庆第一家破产重整成功的民营企业，并致力于帮助更多陷入困境的企业重获新生。这正是认知改变的力量，这正是认知换脑的价值所在！

第二，挖掘痛苦：如果不解决这个挑战，会带来哪些坏处呢？

挖掘痛苦与塑造好处的逻辑、方法和标准是一致的，只是塑造好处是从积极的角度进行的，而挖掘痛苦则是从消极的角度进行的。在具体操作时，不一定非要同时运用这两者，而是要根据实际情况来决定。

定义难度——难在哪（做到哪些具体标准才意味着这件事干成了）

塑造挑战的第三步是定义难度，即确定难点所在，明确哪些具体标准的达成意味着目标达成。

如何定义难度呢？主要有三个动作：抛出难度、解释难度、塑造难度。

抛出难度。 难度设定最好控制在三个以内，避免泛泛而谈，需具备具体且清晰的衡量标准，同时应尽量避免使用否定词。

例如，我们为学员换脑的难度如何？实则不小。一堂能够真正换脑的课程需要满足三大具体标准：讲不同、讲深刻、讲一招。不应笼统地说诸如今天讲师面临的最大挑战是不愿换脑、不会换脑等，这些并非难度的具体体现，也非清晰的标准，更多是空洞的言辞。

解释难度。此动作旨在解答为什么需要解决这些难题，克服这些具体挑战，达成这些具体标准。

一堂换脑改命课为什么要"讲不同"。

换脑改命课的三大标准

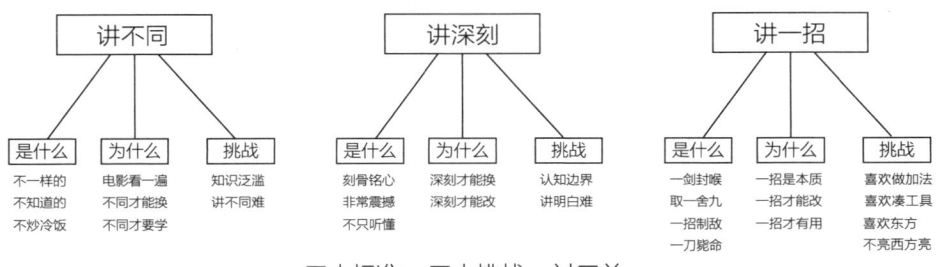

讲不同			讲深刻			讲一招		
是什么	为什么	挑战	是什么	为什么	挑战	是什么	为什么	挑战
不一样的不知道的不炒冷饭	电影看一遍不同才能换不同才要学	知识泛滥讲不同难	刻骨铭心非常震撼不只听懂	深刻才能换深刻才能改	认知边界讲明白难	一剑封喉取一舍九一招制敌一刀毙命	一招是本质一招才能改一招才有用	喜欢做加法喜欢凑工具喜欢东方不亮西方亮

三大标准 = 三大挑战 = 过三关

商业讲师应当自问，暂且不论商业课程，就以一部深受喜爱的电影为例，倘若观看过后，你还愿意再次付费重温吗？多数人的答案恐怕是否定的。你或许会向他人推荐，但鲜少有人愿意再次付费观看。

那么，我们凭什么能够为学员换脑呢？唯有传授独特、未知的知识，才能实现这一目标。如果商业讲师的内容学员早已耳熟能详，他们又怎能实现认知的深刻转变？又如何能为学员注入新的认知和底层逻辑？将众所周知的内容包装成商业课程，无异于生产过剩的商品，这无疑是制造垃圾和库存，更是在浪费学员的时间与精力。一旦商业讲师开口，学员可能只会心生厌烦："又是这些内容。"学员又怎会有动力付费学习呢？

因此，商业讲师必须传授独特、与众不同的内容，这才是学员应当学习的。当我们面对学员时，应当充满自信与使命感，坚定地告诉他们："你必须来上我的课，因为我传授的都是你所不知的。你之所以遇到诸多困惑，正是因为这些认知尚未打通。你一定要来，我传授的内容必定能助你解开困惑，实现突破。"

塑造难度。此动作旨在强调实现这些具体标准所面临的挑战，并探寻背后的原因（为什么这么难）。

我们以"换脑要讲不同"为例。

讲不同真的难吗？确实不易。现今人们获取知识的途径多种多样，企业家更是如此。他们阅历丰富，背后还有专业团队支持，还有什么是他们不知道的呢？因此，商业讲师要为他们传授未知的内容，这无疑是一项大挑战。

在此，我们要强调，无论是定义挑战、定义价值还是定义难度，所使用的词语和语言都应具备高度、深度和简度。高度意味着要提炼到核心，使人一听即感震撼；深度则考验讲师对所在领域的深刻理解和洞察；简度则要求表达简洁明了，一听即懂，同时保持押韵和工整。

好课开场工具

定义挑战	抛出		
	解释（是什么/不是什么）		
定义价值	塑造好处	1	抛出
			解释或案例（为什么）
		2	抛出
			解释或案例（为什么）
	挖掘痛苦	1	抛出
			解释或案例（为什么）
		2	抛出
			解释或案例（为什么）
定义难度	难度1		抛出
			解释（为什么要解决这个难题）
			塑造（解决这个难题的挑战）
	难度2		抛出
			解释（为什么要解决这个难题）
			塑造（解决这个难题的挑战）

本章总结

1. 好开场就是一开场就促使学员决心改命
2. 好开场是成功的一半
3. 决心改命才能收心收功
4. 好开场的两大标准：大痛点、大共鸣
5. 两种错误的开场方式：塑造自己、教练学员
6. 塑造大挑战才能促使学员一开场就决心改命
7. 如何塑造大挑战
   - 定义挑战：抛出挑战、解释挑战
   - 定义价值：塑造好处、挖掘痛苦
   - 定义难度：抛出难度、解释难度、塑造难度

好课中场

第 4 章

重新定义课程中场

课程开场应激发学员的改命决心，那么课程中场又该如何呢？是否应直接给出解决方案？

并非如此！在揭晓解决方案之前，中场的作用在于课程中的承前启后。为什么学员难以实现宏伟目标，遭遇重重困境？归根结底，皆因现状所限！因此，一个出色的课程中场应致力于：挑战现状！

那么，现状究竟是什么？它代表着旧有的认知、观点、底层逻辑和方法论；它是习惯、客观存在及普遍事实；它深入人心，为人所依赖。

> 要赢得市场与客户的青睐，现状却是产品同质化严重；
>
> 要超越竞争对手，现状却是陷入价格战泥潭；
>
> 要给学员换脑，现状却如同播放纪录片般平淡无奇；
>
> 要让一句话深入人心，现状却仅停留在主题和数字的层面；
>
> 要让框架传递信任，现状却仅是罗列一堆干货；
>
> 要让开场激发学员的改命决心，现状却仅是一味地塑造自我、教导学员；
>
> 要追求更快的速度，现状却仍停留在马车时代；
>
> 想在火锅店畅饮而不上火，现状却是依赖碳酸饮料。
>
> 现状必须是具体而明确的，绝非废话、空话、无谓之谈或笑话。

以下描述并非现状，而是废话、空话、无谓之谈或笑话：

要赢得市场和客户，现状竟是"无法赢得市场和客户"；

要超越竞争对手，现状竟是"无法超越竞争对手"；

要给学员换脑，现状竟是"无法换脑"；

要追求更快速度，现状竟是"无法跑得更快"；

要在火锅店畅饮不上火，现状竟是"上火"。

同样，现状亦非正话反说，它需要的是具体、明确且清晰定义的描述。

以下也并非现状的准确描述：

要实行差异化竞争，现状竟是"缺乏差异化"；

要发起价值战，现状竟是"没有价值战"；

要用大片为学员换脑，现状竟是"非大片授课"；

要追求速度，现状竟是"不乘坐火车"；

要防止上火，现状竟是"不喝凉茶"。

所以，在挑战现状之前，我们需要对现状有清晰且深刻的认知。

挑战现状，即与过去告别，本质上是在挑战那些看似坚不可摧的巨人。为什么现状被称为巨人呢？因为它普遍存在，深入人心，是我们长期形成的习惯和依赖。有句古话说得好，狗改不了吃屎，人难改旧习惯；还有句古话说，江山易改，本性难移。这些都在告诉我们，虽然我们知道要实现伟大的目标，迎接各种挑战，改变命运，但真正的困难在于克服那些根深蒂固的习惯和依赖。

对于课程亦是如此，当你想要传播新观点、新认知，帮助学员解决重大挑战和问题时，首先你需要引领学员去挑战现状。现状的确强大，看似无法战胜，但你必须勇敢地向它亮剑。

这就像好莱坞大片中的场景，尽管形势严峻，挑战重重，本应齐心协力解决问题，却总有那些搅局的坏人出现。而这些坏人并非普通的坏，他们是坏到了极点，是那些超级大坏蛋。

沿着旧地图，找不到新大陆

为什么要挑战现状？因为沿着旧地图，找不到新大陆。

现状就是错误，现状就是顽疾，它是一切目标与问题的根源、症结、起点与主要矛盾。这种病必须治疗，否则难以焕发新生。

现状之所以必须被挑战，是因为它是目标的绊脚石。

为什么目标难以实现？根源在于现状。它是阻挡我们实现目标的最大障碍，唯有挑战现状，我们才能迈向目标。

例如，为什么难以赢得市场和客户？原因在于产品同质化严重。唯有改变这一现状，才能吸引市场和客户。又为什么难以超越竞争对手？是因为我们常陷入价格战，试图通过价格击败对手，但对手同样如此。只有解决这一现状，才能真正超越对手。为什么课程不能给学员换脑？是因为我们总是以纪录片的方式授课。唯有改变这一现状，课程才可能产生实效。为什么我们跑得还不够快？是因为我们仍依赖马车，总期待找到更快的马，但这只是徒劳。

同时，现状也是问题的核心所在。

为什么你如今面临重重问题，夜不能寐？正是因为现状。你目前所遭遇的所有问题，都源于现状。

例如，为什么你吃火锅总是上火？因为你喜欢配着冰可乐，虽然短暂爽快，但实则火上浇油。你必须改变这一习惯。为什么你胃病频发？是因为饮食不规律，生活作息混乱。你必须调整这一现状。为什么你肝胆不佳？因为你情绪易怒，你必须学会控制情绪。为什么你的肺部问题日益严重？因为你过度抽烟，一天竟达十几根。你必须戒烟，否则神医也难治。为什么你天天吃减肥药也没用？因为你暴饮暴食且缺乏运动。你必须改变这一生活方式。

因此，面对挑战，我们不应直接寻求解决方案，而应首先挑战现状。这是解决问题的第一步。

"沿着旧地图，找不到新大陆"这句话极为深刻，不仅适用于商业，也适用于课程设计。挑战现状是推动进步的唯一力量，是寻找解决方案的起点，是真正解决问题的关键。

挑战现状往往比挖掘痛苦更有说服力

没有坏人，哪有好人；坏人足够坏，才彰显好人足够好。

我们如何判断电影中的角色哪个是好人，哪个是坏人呢？实际上，好坏是通过对比得出的。好人的形象是由坏人的行为衬托出来的，坏人越坏，好人的善良和正义就越明显。坏人越邪恶，我们对好人的期待就越强烈。就像当年《渴望》这部电视剧之所以吸引众多观众，正是因为男主角王沪生的形象太差，才更加突出了女主角刘慧芳的善良。《少林寺》电影不也是这样吗？因此，创造冲突、对抗强大的敌人，是因为好坏是通过对比才显现出来的。没有坏人，就没有好人。

同理，没有旧认知的"坏"，又怎能突显新认知的"好"；没有现状的"坏"，又怎能期待未来的"好"。好坏的界定，自然也是通过比较而来的。

所以，正因为对抗现状和挑战现状，往往比挖掘痛苦更能使你的新观点和新方法具有说服力。例如，假设你想传达这样一个观念："人们最好在晚上10:00前睡觉。"那么，如何能让听众对此给予高度重视呢？如果你负责说服大家，你会如何表达呢？

大部分人的说服方法往往是强调不早睡的不良后果，因为早睡的重要性不言而喻。例如，告诉大家如果不早睡会导致容颜受损，因为晚睡会使肤色变得暗淡无光；不早睡也会折损寿命，因为免疫力低下和肝功能受损会导致神经衰弱、记忆力下降，长此以往，身体将长期处于亚健康状态，寿命可能因此缩短10年；不早睡还会导致事业失败，因为缺乏精神会影响工作效率。

你们觉得听众听完这些后真的会改变吗？很可能不会。如果他们早就想改变，早就改了。难道他们不知道这些后果吗？他们其实是知道但觉得难以改变，因此可能会认为你是在制造焦虑，是在使用套路。为什么现在挖掘痛苦的方式越来越不奏效呢？因为大家都在这么做，听众已经对此感到麻木了。

那么，到底应该如何说服他们呢？关键在于找到问题的根源和现状，然后挑战这些现状。首先，你需要弄清楚听众是否真的关心自己的健康，这是说服的起点。你可以问大家，如今很多人都非常关心自己的健康和美丽，我想了解一下，为了健康和美丽，大家都做了哪些努力？有人可能会告诉你他们每年都在吃冬虫夏草、喝枸杞，有人可能说每天坚持去健身房，还有人可能说每周都去洗桑拿按摩，或者每天长跑5公里，甚至每天都用面膜、去美容院。

这些为了健康和美丽所做的努力，才是我们真正的起点。那么，如何让听众对你的观点——晚上10:00前睡觉——给予高度重视呢？答案是从这个起点出发！你可以告诉他们，其实，为了健康和美丽，他们所做的这些努力加起来，可能还不如晚上10:00前睡觉来得有效。晚上10:00前睡觉的效果，可能相当于吃冬虫夏草、去健身房、洗桑拿按摩、用面膜和去美容院的总和。当然，我这只是一个假设，我不是医生，也不是养生专家，只是用这个例子来说明。你会发现，到底是单纯强调不良后果还是挑战现状更有说服力呢？哪个对你的冲击更大呢？显然，有对比才更有说服力。

挑战现状更符合人性

挑战现状有一个秘密，那就是它符合人性。讲师之所以在课堂上挑战现状，是因为这样做能够凝聚人心，激发大家同仇敌忾的情绪。这是因为人们天生喜欢对抗，喜欢挑战强者，喜欢看热闹。刀郎新推出的歌曲《罗刹海市》在短时间内就获得了惊人的百亿次播放量，差点打破了吉尼斯世界纪录。这首歌一经发布，就迅速占领了那英的评论区，用户对她的怒怼评论达到了惊人的60万条。不仅如此，这股风潮还蔓延到了杨坤、汪峰等其他音乐人身上。我从未见过一首歌能引起如此巨大的争议和共鸣。原因是什么呢？当然是因为对抗符合人性的本质。据传，刀郎多年前退出音乐界，背后就有一些音乐界的大佬在搞鬼。加上网络上的炒作，刀郎被塑造成了一个让人同情的"受害者"，引发了广大民众对他的声援。如今，大家终于看到了这位曾被逼到角落、被人遗忘的歌手勇敢地挑战那些大人物，这自然激发了大家看热闹的热情。大家都希望刀郎能赢得这场较量，这就是人性，对抗往往更能触动人们的心弦。

挑战现状的三大标准

挑战现状的重要性不言而喻，解决挑战并非从具体方法着手，而是始于对现状的挑战，尤其在课程设计中更是如此。一旦课程确定了问题和挑战，不应急于提供绝招或解决方案，首先需要的是对现状的挑战。

那么，挑战现状难吗？当然难。我们可以通过三大标准来衡量：有现状、强现状和有对抗。

有现状

要判断课程是否真的挑战了现状，首先必须有现状。正如我们之前反复强调的，现状应该是具体的、明确的、可以清晰定义的，而不是像"挑战是增长，现状是不增长"这样的空话和笑话。

现状就是起点，没有起点就没有终点。起点就像祖宗，寻找现状就是寻找祖宗。如果一个新观点找不到起点，那就是凭空出现，如同人从石头中蹦出，无法立足，让人感到困惑，站不住脚。

就像在电影中，如果主人公要报仇，但整部电影都没有介绍仇从何来，观众自然会感到莫名其妙。有时你看电视连续剧，发现一个人总是针对另一个人，总是作对、为难、过不去，你是否会好奇他们之间过去发生了什么？如果电视剧对他们的过去没有任何交代，你是否也会感到困惑？因为没有起点，就不会有终点。

"有现状"这一点对于很多讲师而言听起来似乎很简单，也颇有道理，但实际上却是巨大的挑战，原因主要有两个。

首先，讲师自己就是现状的一部分。很多讲师讲授的内容本身就代表了现状，正是需要被改变的对象。他们所提出的观点、底层逻辑、方法论和认知都是陈词滥调，都是在重复过去，缺乏新意，如同祥林嫂一般，口中充满了正确的废话。

有一次，我和一位教研讲师一同参加了"绩效管理"课程。课程一开始，讲师就提到绩效管理的第一步是设定目标。教研讲师不由自主地脱口而出："又来了。"我立刻看了她一眼，她显得很尴尬，随后递给我一张纸条，上面写着："不好意思，我今天还有事，准备要先走。"我在她的纸条上补充了一句："我也是。"我

们相视一笑，心照不宣。

正如我们之前反复强调的，如果一个底层逻辑和方法论已经人尽皆知，为什么还要继续讲授呢？如果你讲授的都是现状，那么讲授的意义何在？如果一个底层逻辑和方法论已经深入人心，但人们并未付诸实践，这本身也是一种现状。在这种情况下，你为什么还要继续讲授呢？

很多讲师对此感到困惑，他们问我："夏老师，我不讲这个讲什么？你告诉我应该怎么讲。"我无法具体告诉他们应该讲什么，但我可以告诉他们的是：老师们，你们的机会来了。大家都知晓却都不去实践，这意味着这个底层逻辑和方法论可能存在问题，或许已经过时，或许不再适应新的外部环境。因此，这时候你应该去寻找客户无法实践的真正原因。这正是商业讲师的使命——"找到背后真正的问题，进行最佳实践，然后分享最佳实践"。这正是你们洞察、研究和实践的最佳时机！

但这确实是一个大问题。这些内容已经变得同质化，为什么还要继续讲授？这样的商业课程的价值在哪里？这样的讲师的前途又在哪里？为什么你讲授的都是陈词滥调？是因为你没有真正深入实践，你没有真正为学员解决实际问题，你只是想讲课而已。或者你为客户做的实践只是形式上的，这自然不会产生新的认知，如果有才真是奇怪！

我们需要找到如何让学员实际做到的解决方案，而不是简单地重复讲授相同的内容。因为即使你再讲一遍，他们还是无法做到。如果明知道大家都做不到，你还要继续讲授，这实际上与成功学有什么区别呢？这才是问题所在！自己成为现状的一部分，背后反映出的是讲师浅尝辄止、不思进取的态度，把讲课当作一种职业，而不是将专业领域当作职业来对待。"有现状"的背后，实际上是对一个讲师在某个领域是否能够持续十年磨一剑，是否能够不断进行深度洞察和实践的考验。

二是找不到现状。有些讲师认为自己的观点和方法是新颖的，但问题在于他们找不到原点，也就是过去的现状。因此，我常常听到讲师自信满满地说："夏老师，我的方法天下无敌，因为它没有敌人。"

这种自信是我最担忧的，因为没有对手往往意味着潜在的问题。新观点和新方法如果没有遇到挑战，那么可能存在两个原因：一是可能研究得不够深入，尚未触及问题的本质；二是可能正在解决的是一个假问题，这个问题或许并不重要，或者根本没有人关心，因此并不需要解决。

几年前，出租车内突然涌现出便利店的概念，被称作汽车便利店。这个商业模式为什么会出现呢？随着滴滴、高德等打车软件的流行，以及资本的推动，出行打车市场迅速扩大。想象一下，每天有大量的出租车在路上行驶，据滴滴2023年发布的公告，数量达到了惊人的1900万辆。在这样的背景下，一位知名投资人提出了一个大胆的想法：能不能把出租车变成便利店？这样乘客不仅可以乘车，还可以在车内购物，甚至不需要专门的售货员，司机就可以兼任。这个商业想法听起来非常吸引人，也吸引了大量资本的投入，很快，全国各地的出租车内都摆满了各种零售商品和饮料。然而，最终的结果并不尽如人意。我在全国各个城市出差打车时，再也没有看到过汽车便利店。为什么会这样呢？从认知的角度来看，很容易理解。在汽车便利店这个概念出现之前，有多少人会在线下便利店购买一堆零食，特意在汽车里吃呢？如果过去人们没有这样的习惯，那就意味着这是一个假需求，一个假问题，不是真正的市场需求，因此人们并不会太关注。

强现状

有现状是不够的，你的现状可能仅代表了实际情况的一小部分，而达到90%的真实面貌才是真正的"强现状"。例如，当我讲授"大片课"

时，如果我开场就说大家做课程的现状不是"纪录片"，而是说大家做课程的现状都是"成功学"，大家肯定会不同意。成功学确实是一种现状，但这种现状可能只占5%，而纪录片无疑是90%的讲师都在采用的。

强现状必须是普遍存在并成为习惯的。因此，有时你可能需要列举两个甚至三个现状，它们加起来才能代表普遍存在的现象。比如，我说课程开场时存在两种现状，一种是塑造自己，另一种是教练学员。

为什么必须是"强现状"呢？因为没有强大的旧认知，就不可能有伟大的新认知。

请大家思考一个问题：如果没有马车，会有火车吗？

显然不会。没有马车意味着人们对出行没有需求，没有需求，人们就不会不断创新，创造出火车。正是因为马车的出行需求巨大，火车才会成为人类最伟大的发明之一。

同样的道理，再问大家一个问题：如果自古以来人类没有书信，会有今天的手机吗？

当然不会。如果自古以来人类没有书信，就意味着人们没有社交需求，没有社交需求，人们就不会创造出手机。正是因为社交需求如此巨大，手机才会成为人类最伟大的发明之一。

没有过去强大的互联网，怎么会有今天伟大的移动互联网？没有1G，怎么会有2G、3G，乃至今天的5G？没有当年强大的胶卷相机，怎么会有后来的数码相机？没有强大的旧产品市场，一定不会有伟大的新产品市场。新产品的市场份额一定来自旧产品的市场份额。太阳底下没有新鲜事，商业规律总是如此。

"强现状"对讲师来说是否构成大挑战呢？答案无疑是大挑战！

第一个大挑战在于讲师所罗列的现状并非共性，缺乏足够的代表性。

例如，如果我断言99%的商业课程都是成功学，这自然会引发反感，因为这并非事实，也不是普遍的现状。作为我的学员，讲师不会认同这样的说法，因为这显然是不客观的。这样的断言不仅不会让学员有所触动，反而会让你的观点失去说服力，甚至可能激起学员的反感。而我说99%的商业课程都体现了纪录片的特质，这确实反映了众多讲师制作课程的底层逻辑，深入人心，这就是强现状的体现。

第二大挑战则在于很多讲师对"现状"的研究不够重视。由于这种忽视，他们往往对"现状"缺乏深入了解，更像是闭门造车。

讲授绩效管理的讲师，他们真的了解现在90%的目标企业是如何进行绩效管理的吗？

讲授战略的讲师，他们真的明白90%的目标企业是如何制定战略的吗？

讲授定位的讲师，他们真的清楚90%的目标企业是如何进行市场定位的吗？

讲授财税的讲师，他们真的掌握90%的目标企业财税管理的实际情况吗？

这正是问题的关键所在。我们的目标是为客户解决问题，但如果我们连客户当前的做法都一无所知，那么我们的解决方案又怎么可能有效呢？

有对抗

所谓对抗，是指新旧底层逻辑之间的激烈碰撞，是一场你死我活的较量。

马车与汽车，虽然都属于交通工具，都旨在追求速度，但它们的底层逻辑发生了巨变，动力来源完全不同。

书信与手机，虽然都是用于社交的工具，但它们的底层逻辑也发生了巨变，一个是依靠邮政系统传递，另一个则是依赖于技术的进步。

蜡烛与灯泡，虽然都用于照明，但它们的底层逻辑也发生了巨变，一个是依赖于自燃，而另一个则是依靠电力。

纪录片授课与大片授课，虽然它们都是传授知识的方式，但底层逻辑也发生了巨变，前者是对主题层层展开，后者则是找到真正问题并予以解决。

为什么底层逻辑之间需要对抗？因为只有打破旧有的，才能建立新的，大破之后才能大立。旧认知越强大，越根深蒂固，一旦被推翻，对新认知的需求就越迫切。

> 小时候，大多数家庭的厨房里都有味精这种调味品。曾经，味精只是被视为一种普通的调味品，但后来出现了关于味精对人体有害的谣言。这导致味精的名声一落千丈，人们开始寻找替代品。结果，鸡精应运而生，甚至还催生了几家上市公司。然而，鸡精和味精的核心成分都是谷氨酸钠，本质上并无区别。但因为味精有害健康的认知已经深入人心，鸡精被认为比味精更健康的观点却被广泛接受。

这就是不破不立、大破大立的道理。人类的进步也是如此，都是通过新底层逻辑替代旧底层逻辑来实现的。正是因为不断的新认知，人类社会得以进步，人类的命运得以改变。就像今天的新能源车正在取代燃油车一样，这就是认知不断改变的力量，是对旧认知的颠覆和突破。

新认知的建立一定源自对旧认知的改进或否定。如果你仍然沉溺于旧风景之中，那么再美的新风景也无法打动你。唯一的办法就是将你从旧风景中拉出来，让你面对新的认知和新的可能。

与旧底层逻辑对抗，打倒旧认知的难度如何呢？确实有挑战。

一是讲师要过自己的心坎。讲师对旧观点往往有着深厚的情感纽带，很多讲师的成长之路正是从学习旧观点、旧底层逻辑开始的。比如，我今天讲授"大片课"，如果批评纪录片课程技术或TTT培训，那我自己难道不是从TTT培训起步的吗？我曾经是TTT培训的坚定支持者，购买了大量相关理论图书，聆听了众多课程，并进行了丰富的实践，它对我的成长有着巨大的帮助，也助我解决了很多问题，在当时还开发了诸多课程。然而，如今我要对其提出批评，这首先是我自己难以跨越的一道坎。但为什么我最终还是要选择批评呢？并非为了攻击而攻击，而是为了分享我的最佳实践。这个出发点必须纯正，我不是在宣扬普遍真理，而是在分享个人的最佳实践。因此，讲师心中这道坎过不去，本质上还是商业实践经验不足。

二是讲师要过学员的心坎。人们早已习惯了乘坐马车，现在突然让他们坐火车，这自然会有难度！同理，人们长期习惯于使用蜡烛，现在要他们改用灯泡，同样会面临挑战。因为旧认知已成为他们的习惯，是他们深信不疑的，是他们强烈依赖的。当你告诉他们存在问题，需要改变，要让他们对自己的现状感到深恶痛绝时，他们自然会产生反弹，提出质疑，甚至大声对你说"不"。此时，考验的仍是讲师的毅力，你是选择放弃还是坚持对抗？最终，这还是在拷问你为什么敢于亮剑，答案当然是你对这个领域的深入洞察和丰富的最佳实践，是你的真才实学，绝非浅尝辄止，是你追求分享最佳实践而非传授绝对真理的初心。

人云亦云很难挑战现状

很多商业课程在挑战现状时并没有感觉，为什么如此？皆因人云亦云：仅仅以主流观点去攻击旧习惯、旧做法。例如，你的课题是"定位"，你便用特劳特定位的主流观点"心智竞争"去攻击"质量竞争"；你的课题是"竞争战略"，你便用波特的主流观点"差异化"去攻击"同质化"。

尽管听起来你讲述得似乎很有道理，甚至你的具体方法相对于这些经典有所补充和改善，你的课题名称也用了"新""重新""升级"等字眼，如"新定位""重新定位""升级定位"。然而，只要底层逻辑未变，这样的挑战现状仍旧是"人云亦云"。

那么，学员听后是否有感觉？你这样的挑战是否具备力量？答案显然是否定的！

因为学员潜意识中认为，只要底层逻辑未变，再多的改善与补充也只是抄袭而已！

这些经典与主流观点本质上也是一种"现状"，它们早已深入人心。如果将"现状"比作坏蛋，你便是在用一个坏蛋去攻击另一个坏蛋，五十步笑百步，你或许比那个坏蛋稍好一些，但终究还是坏蛋。

一旦经典成为主流观点，如果你整个课程的核心底层逻辑都围绕这些经典展开，那么你只是在重复老调，人云亦云，炒冷饭。这些主流观点学员早已耳熟能详，他们早已麻木，你无法解决"讲不同"的问题。

因此，如果经典尚未普及，尚未成为主流观点，你还有机会。但一旦经典成为主流，你再讲这些内容，就只会让经典更加经典，而你则逐渐失去势能。除非你能将经典讲得无人能及，成为其代表，否则你只是在东施效颦，毫无机会。

为什么会这样？这便是人性，人们永远维护经典，将你视为模仿者、抄袭者、知识搬运工，他们永远只信任第一。他们不会认为你的内容"更好"，反而觉得是多此一举，是对经典的侮辱。你永远无法树立自己的品牌，你的课程也不可能成为大片，更无法让学员换脑。

如今市场上充斥着大量类似的商业课程和讲师，例如，"更好的'阿里三板斧'""更好的'华为铁三角'""更好的'IBM的战略BLM模型'""更好的'精益生产'"等。这些经典在尚未成为主流观点前，讲师或许曾受益其中，但他们必须尽快重构自己独特的观点，敢于超越经典，否则将愈发艰难，除非他们能成为这些经典的真正代表。

我曾收到一位朋友发来的课程介绍，题目是"高维战略"。我点击进入查看，惊讶地发现其框架竟与刘海峰老师的高维战略框架如出一辙，包括顺三势、借三力等理念，甚至刘海峰老师曾经用过的案例宣传也完全复制。唯一不同之处仅在于讲师的名字和照片。由于这位朋友曾经听过刘海峰老师的课程，因此刘海峰老师对此感到非常愤怒，甚至口出怨言，认为这种行为过于低劣。但事实摆在眼前，如果一个经典的理念或方法已经广为流传，成为主流，而你仍然在不断重复别人的故事，这难道不会引起人们的反感吗？

冲突对立才能挑战现状

和主流观点产生冲突，才能真正挑战现状！这种冲突对立不同，即意味着你的底层逻辑与现状的底层逻辑存在冲突、对立、不同。

我的"大片课"是如何挑战现状的呢？就是直接与现状产生冲突、对立。我把大多数讲师采用的授课技术总结为"纪录片授课"，这种授课方式侧重于灌输知识，但成年人对此并无太大兴趣。而我将自己的授课技术定义为"大片"，即将所有知识转化为"挑战和绝招"，因为成年人更关心如何解决问题。试想，如果我讲授的是更好的"TTT培训"，还会有人关注我吗？还会有头部的培训机构邀请我做咨询吗？正因为我与众不同，我与现状对立，我否定现状，我提出了大痛点大挑战，这才吸引了人们的关注。

特劳特定位为什么今天如此热门？讲授定位的讲师都应感谢一个人，那就是特劳特定位在大中华区的总裁邓德隆。定位这个概念最初源自特劳特和里斯在80年代合著的《广告攻心术》，后更名为《定位》。原本，定位在主流人群中的认知是做广告策划的，但如今大家公认其为做战略的，且是最高端的战略。广告和战略是两个完全不同的层面。特劳特咨询费据说已达到每年3000万美元，一家广告公司如何跻身高端战略咨询领域？这得益于特劳特中国总经理邓德隆的竞争思维。十多年前，中国主流的高端战略咨询公司是麦肯锡，因此特劳特选择麦肯锡作为攻击对象。邓德隆将麦肯锡战略咨询定义为标杆战略，因为麦肯锡方法的核心是向最佳标杆实践学习，扬长避短。但特劳特认为，标杆战略只能提高效率，并不能赢得客户和市场。因此，邓德隆在主流媒体和杂志上发表了大量攻击麦肯锡的文章，甚至出版了《麦肯锡之谬误》，最终与麦肯锡对簿公堂，被控侵犯名誉权。然而，正因此，特劳特成功跻身最高端战略咨询领域，不再是单纯的广告公司，取得了巨大成功，成为今天的主流。邓德隆也因此从特劳特中国区总经理晋升为特劳特全球总裁，一战成名。

我的老东家行动教育亦是如此。企业家学习，主流认知是选择长江、中欧、北大、清华等高校商学院。这就是现状。那么，行动教育为什么能成就一家上市公司？答案依然是与现状不同，与现状对立。高校商学院的优势在于理论的高度和系统性，但中小企业更需要实战实效。因此，行动商学院重新定义了EMBA课程的新规则，强调课程的实效性和实战性，这才是真正的商学院。如果你不信，欢迎来听听我们的浓缩EMBA课程，定会让你震撼。

为什么要挑战现状？因为不破不立，大破大立。只有颠覆旧认知，才能建立新认知。仅仅宣称自己的方法和观点有多好是不够的，因为现状是一种习惯，是一种依赖。即使你的观点和方法再好，如果没有挑战现状的必要性和紧迫性，人们仍会被现状拉回原形。只有挑战现状，打倒现状，告诉学员现状是有风险的，现状的底层逻辑是有问题的，你才有机会成功。

挑战现状方法论

如何冲突对立、挑战现状呢？

锁定现状

锁定现状涉及三个核心动作：定义现状、诠释现状、案例说明。

定义现状。我们反复强调，现状必须是具体且可清晰定义的。现状包括两种情形：一种是人们正在执行的，称为习惯；另一种是人们普遍认同的，称为深入人心，这类通常都属于经典理论。因此，你无须了解所有理论，只需聚焦于最经典、最具影响力的那些理论。

定义现状时，可根据实际情况选择锁定一种现状或全部现状。有时一个现状就极具代表性，有时则需要多个现状共同体现。因此，锁定现状有时需要一定的艺术性。例如，我曾服务于许战海，他早期将现状和对手定义为"老定位"，故课程名为"新定位"。但随后他意识到这并不准确，重新评估后认为现状和对手是"差异化"。然而，在实践中，他发现存量时代的竞争中，差异化并非决定客户购买选择的唯一因素，从最强对手那里"抢"客户才是关键，因此课程更名为"竞争之王"。刘海峰老师的"高维战略"亦是如此，他发现很多中小企业对定位战略、聚焦战略等理论非常熟悉，但这些理论的底层逻辑都基于产品竞争。然而，他和团队多年的实践表明，产业和赛道的选择往往比产品选择更为关键。因此，他将基于产品竞争的战略称为"低维战略"，而基于产业、赛道等选择的战略称为"高维战略"。

有时，现状需要重新定义和标签化，但这必须基于客观事实。例如，讲师授课时普遍采用的技术，实际上并没有明确的定义，我将其定义为

"纪录片"。这是因为我对现状有深入的洞察和思考。

诠释现状。诠释现状应简明扼要。如果解释复杂，说明定义存在问题，可能不够清晰。例如，纪录片就是将主题划分为多个模块，然后分别解释和论证。再如，差异化战略就是确定目标市场、产品差异化和销售策略。

案例说明。

我如何解释纪录片这一概念？我使用了"拍摄火星"的案例（详见开篇必读）。

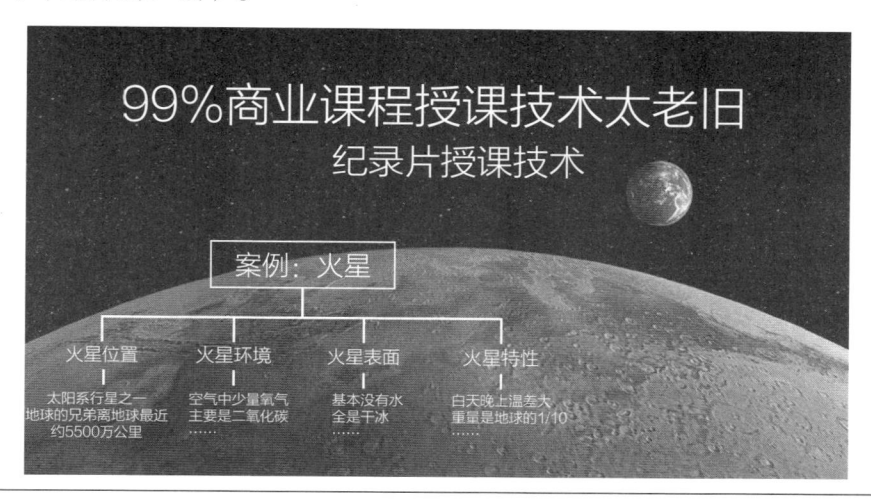

99%商业课程授课技术太老旧
纪录片授课技术

案例：火星

火星位置	火星环境	火星表面	火星特性
太阳系行星之一 地球的兄弟 离地球最近 约5500万公里	空气中少量氧气 主要是二氧化碳	基本没有水 全是干冰	白天晚上温差大 重量是地球的1/10

打倒现状

锁定现状是为了打倒现状。例如，一旦我们将很多讲师的授课方式定义为纪录片，我们就可以开始攻击这种方式的风险：纪录片不仅无法让学员换脑，甚至连基本的知识传递都难以实现，因为人们对此不感兴趣，除非与考试等直接相关。

攻击可以从三个方面进行：后果、原因、除非。

后果。后果应通过案例使学员深刻体会。后果可以表述为：现状不仅无法解决核心问题，还可能引发新的问题。所谓核心问题，就是我们在开始时定义的那个"大挑战"。

例如,纪录片不仅无法使学员换脑,甚至连基本的知识传递都难以实现;塑造自己不仅无法激发学员改命的决心,还可能使他们站在自己的对立面;比现状更好的做法并不是挑战现状,反而可能被视为抄袭。

原因。原因应回答"为什么"现状无法解决核心问题。通常,原因不应超过三个。

例如,为什么纪录片无法使学员换脑?因为成年人对此不感兴趣。为什么塑造自己无法激发学员改命的决心?因为学员可能不听、怀疑甚至挑战你。为什么比现状更好的做法无法挑战现状?因为人们只相信第一,而比现状更好仍属于现状范畴。

原因不仅要解释"为什么",还应回应"无法克服的标准"。

例如,纪录片无法使学员换脑,不仅因为成年人不感兴趣,还因为它无法克服"讲不同、讲深刻、讲一招"的难题。

除非。除非的本质是环境变化。为什么以前可以,现在不行?唯一的解释是环境发生了变化,时代不同了。这实际上是对现状更深层次的攻击。

例如,为什么我们从小到大都接受纪录片教育,现在却有问题?因为我们现在是成年人,小时候的手段对成年人已不再适用,如考试、死记硬背等。

成为现状

打倒现状才能成为现状,打倒巨人才能成为巨人。纪录片授课被打倒后,人们会自然而然转向大片授课;同质化竞争被颠覆后,差异化策略便会浮现;价格战一旦落败,价值战随即崛起。

成为现状涉及五大核心动作:定义新方法(新底层逻辑)、诠释新方法(新底层逻辑)、案例对比、阐述好处、分析原因。

定义新方法(新底层逻辑)。新方法的命名应与现状形成鲜明对比,因为它们的底层逻辑截然不同。例如，纪录片对应大片，价格战对应价值战，塑造自己对应塑造挑战，同质化对应差异化，比现状更好对应和现状对立。

诠释新方法（新底层逻辑）。新方法的解释应简洁明了，复杂的解释意味着定义存在问题，可能不够清晰。此外，诠释新方法时，也要与现状的解释形成对立。

例如，大片授课围绕"核心挑战+核心绝招"，通过电影手法进行演绎，而纪录片是对主题进行模块划分并逐一解释。再如，许战海老师的"竞争之王"中的新方法——"抢战略"，涉及"和谁抢、在哪抢、怎么抢"的问题，这与差异化战略的"卖给谁、卖不同、怎么卖"形成鲜明对比。又如，刘海峰老师的"高维战略"则提出了"顺势借力"的新方法，即顺未来势、顺周期势、顺全局势，借产业力、借资本力、借政府力。

案例对比。在解释新方法时，最好使用与解释现状相同的案例，以便对比。例如，我们曾使用"拍摄火星"案例来解释纪录片授课技术，同样地，我们也可以用这个案例来诠释大片授课技术，从而进行对比。

阐述好处。案例对比之后，便可以总结新方法带来的好处。这些好处通常与核心问题的解决紧密相关，核心问题即开场时所定义的"大挑战"。

例如，大片授课才能换脑；塑造大挑战才能促使学员改命；与现状对立才能有效挑战现状。

分析原因。我们需要回答"为什么"，即为什么新方法能够解决核心问题。原因通常不超过三个。

例如，大片授课之所以能深刻改变人们认知，是因为它符合人的本性、思维和挑战精神。

好课像大片

挑战现状工具

锁定现状	定义	
	诠释	
	案例	
打倒现状	后果	
	原因	
	除非	
成为现状	定义	
	诠释	
	案例	
	好处	
	原因	

本章总结

1. 好课中场就是挑战现状
2. 挑战现状才能重获新生
3. 挑战现状才能更有说服力
4. 挑战现状才符合人性
5. 挑战现状的三大标准：有现状、强现状、有对抗
6. 和现状一样或比现状更好不是挑战现状
7. 和现状对立才是挑战现状
8. 挑战现状方法论
   - 锁定现状
   - 打倒现状
   - 成为现状

好课收场

第 5 章

好课像大片

重新定义课程收场

一般而言，一堂商业课程为期3天，每天包含4节课，上午和下午各两节，每节课时长90分钟。这90分钟我们习惯性地划分为开场、中场和收场三个阶段。

开场旨在激发学员改命的决心，中场则引导他们挑战现状，那么收场又意味着什么呢？

收场的核心是促使学员行动。

要深刻理解促使行动的重要性，课程的本质和最终目的是解决问题，但课程本身并不能直接解决问题。即使听了无数遍，只要学员不行动，问题依旧无法解决。唯有促使学员行动，问题才能得到解决。

促使行动不仅要求学员在课程中形成具体方案，更要求他们展现出积极的态度。

方案，是指学员能够带回去并付诸实践的方案，包括落地实施的方案、改革创新的方案以及解决问题的方案。改革总是需要先思考后行动，先确保胜利再投入战斗。

态度，则表现为行动和改革的坚定决心，即不屈不挠、不轻易放弃、不畏艰难、不怕挑战的精神状态。

促使行动要求学员不仅拥有方案，还要求具备积极的态度。有时，给予信心甚至比传授技巧和方法更为关键。因此，在促使行动的过程中，我们不仅要提供实用的方法，即绝招，还要给予学员预期、希望、信心、决心、勇气和奋斗的动力。

既传授绝招又给予信心，这才是"课程收场"的真正使命，也是最大的善意和布施。

肖莉娜作为一位拥有十多年讲师经验和课程设计经验的专家,她分享了自己判断好讲师的第一标准——"一定要给学员信心"。她强调,任何打击企业家信心、传递悲观负面情绪的讲师,无论其课程多么精彩,她都不会推荐。

我深表赞同。我曾遇到过这样的讲师,他对着企业家义正词严地说:"你们这群企业家,90%都要被淘汰,因为你们素质不高,国家会通过各种手段让更年轻的人来代替你们,这是国家战略。"

他居然将此事与"国家战略"联系起来,而且这句话他反复强调,导致台下的学员要么感到愤怒,要么感到失落。这无疑是一种消极影响。如果企业家都失去了信心,中国的经济未来又将何去何从?如果企业家对未来都不抱希望,那他们还有什么学习的动力呢?毕竟,课程所售卖的,正是学员对未来的期许和信心。

因此,促使行动不仅要确保学员在课程中有具体的方案,还要培养他们积极的态度。如果学员在课程结束后询问:"老师,我该如何将这些知识应用到实际工作中?"那就意味着他们还没有形成清晰的方案,尚未掌握所需技能,也无法立即采取行动。有些学员在课程中表现得很激动,但回到实际工作中却毫无进展,这往往是因为他们对方案缺乏信心,对自己也缺乏信心。

然而,有些讲师却将责任推给学员,认为只要自己把该讲的都讲了,学员如果不能将所学应用到实际工作中,那也与自己无关。更何况,哪个讲师的课程能保证一定能够落地实施呢?

我经常回访学员,了解他们对课程的反馈。从未有学员表示听完课后就能立即将所学的应用到实际工作中,立即解决问题。他们的反馈通常是:"老师讲得确实很好,但我不知道回去后该如何操作。"

如果学员在课程结束后没有明确的方案,或者不敢采取行动,那就意味着"课程收场"这一环节没有兑现其对客户的价值。

促使行动才能兑现承诺

为什么要促使行动？因为促使行动是兑现承诺的关键，反之，若不促使行动，便可谓之"背信弃义"。

为什么这么说？

课程定位即"不同一招解决一痛"，我们承诺要解决问题。

课程开场旨在激发学员"决心改命"之志，这实则是定义问题的过程，明确究竟要改"什么命"。

课程中场则引导学员"挑战现状"，这实则是分析问题，探究现状如何，标杆又怎样。

随着课程即将收场，你还在犹豫什么呢？是时候促使行动，助力学员解决问题了。

商业讲师不能只是空口承诺解决问题，却在关键时刻忘却了这一核心使命。如同攻城之际，城池将破，敌军即将投降，而你却掉头离去。

电影亦是如此，结局总应是好人战胜坏人，天使打败恶魔。试想，如果结局相反，坏人当道，恶魔横行，这样的电影会令多少人感到遗憾与失望？

因此，唯有促使行动，方能真正解决问题，兑现承诺。否则，便是虎头蛇尾，言行不一。

设想一下，若电影告知地球即将毁灭，而人类束手无策，观众会有何感受？

设想一下，病人病痛难当，医生却只是痛斥其恶习，最后告知无法治疗，只能等死，病人又会怎么想？这难道不是世间最残忍之事吗？

设想一下，拳击比赛上，双方势均力敌，场馆承诺精彩纷呈，结果却一秒KO，观众会如何看待？

当然会被视为骗子！对于课程来说，不正是如此吗？如果课程即将结束，你却没有提供有效的解决方案，或者这些方案不能让学员确信能够解决问题，那么难道不会被认为是在欺骗吗？因此，课程的结束，必须促使学员行动，真正解决问题，才能算是兑现了承诺。

商业课程的本质，终究是商品。既然是商品，就必须实现其对于客户的价值。课程的终极客户价值，在于面对真实的人，解决真实的问题。仅仅改变认知是不够的，更要促使学员行动，解决问题，这才是其真正的价值所在。如果一堂商业课程无法长期兑现其价值，那么它必定缺乏生命力。一旦学员觉得课程无用，就不可能形成好的口碑。在如今的信息社会，口碑不佳的课程注定没有前途。

促使行动才是合作开始

为什么要促使学员行动解决问题？因为只有当学员采取行动，合作才真正开始。促使行动不仅标志着课程的结束，更是双方深度合作的起点。

合作的内容多种多样。例如"团队学"，这并不是指一个人单独学习。因为要在企业内部推动变革，还需要统一团队内部的思想，并统一经销商和核心供应商的观念。这时，"团队学"便是最佳的途径。

此外，还有可能合作"方案班"，或者是内训、轻咨询、重咨询等形式，甚至有可能聘请你作为长期顾问。为什么会有这些合作形式呢？因为他要在企业内部发起变革，他需要一个智囊团，需要名师来指引方向。

那么，为什么一堂好课能够在一年内销售上亿元呢？这背后如果没有80%以上的转介绍率和续单率作为支撑，是不可能实现的。因此，课程能够大卖的深层次逻辑在于它能够真正促使学员行动。

今天的课程早已成为咨询公司的最佳出场方式。

我一直强调，好咨询师必然也是好讲师。传播咨询的核心逻辑，最佳的途径便是通过课程，这也是咨询师展现自身能力的最佳方式。如果咨询师深入企业进行拜访，企业往往不会给予足够的时间来分享其深层的逻辑和案例，更不可能让听众认真聆听并做笔记。咨询师在面对单一企业与面对大课堂时，所散发出的能量和光环是截然不同的。在企业内部，他们可能只被称呼为"小张、小李"，但完成授课后，却会被尊称为"张老师、李老师"。

然而，很多咨询师对"培训课程"持有轻视态度。有些咨询师甚至曾向我表示："夏老师，我是出于无奈，为了获取咨询业务才不得不讲课。"他们看不起培训，对培训的本质缺乏理解，因而无法对这个行业保持敬畏。他们对培训存有深深的误解，认为培训只是忽悠人的手段，等同于成功学，觉得培训并不高级，甚至担心被他人误认为是做培训的。

如果咨询师持有这样的心态，那他的课程能讲好才怪呢？但我敢断言，一旦他无法讲好课程，解决业务持续和团队成长的问题就会变得困难重重。咨询师想要将底层逻辑阐述得清晰明了，绝非易事。我曾听很多咨询师朋友分享，他们在授课过程中，许多过去未曾深究的工具得以明晰；还有咨询师告诉我，原来带领团队困难重重，但通过讲课，团队逐渐凝聚起来；更有咨询师发现，过去每个人在客户面前讲述的底层逻辑和方法论千差万别，使得客户误以为我们不是一家咨询公司，如今通过讲课统一了思想，大家高度认同统一的底层逻辑和方法论，这已成为我们公司的核心竞争力。

因此，很多咨询师既对培训课程不屑一顾，又想通过它来树立自己的形象，这种"既想做婊子，又想立牌坊"的想法，怎么可能实现呢？我见识过众多所谓的顶级咨询师，他们的课程却讲得令人大跌眼镜，真是让

"小伙伴们给惊呆了"。

因此,每当有咨询师对我说:"夏老师,我不是专业讲师,我是做战略咨询的……"我会立刻打断他,并指出:"你的观点存在误区。你首先应当成为一名好讲师,然后再是战略咨询师。如果你的课程讲授得不够好,那么在咨询业务的拓展以及为客户创造价值方面,你都将遭遇重重困难。此外,你也难以打造出高效的咨询团队,因为团队成员各自为政,方法论不一致,最终提供给客户的价值也会显得杂乱无章。"

所以,咨询师要和学员深度合作,最好的出场方式就是课程。

为什么要促使学员行动呢?因为学员只有行动,才会下定决心与你合作。

如果学员都不打算行动,他们又怎么可能选择与你合作呢?

同样地,如果学员都没能明白课程的内容,或者未能掌握所学的知识,他们又怎么可能有行动的动力呢?既然缺乏行动的动力,自然也无法与你达成合作。

请记住,只有当学员意识到自身存在的问题,开始思考如何解决,并下定决心采取行动时,这才是未来商务合作得以进一步展开的起点。如果学员都不知道该如何行动,那么后续的合作便很难有所进展。

有一位老师曾告诉我,课程不应该讲得太清楚,以免学员后续不再购买。他认为让学员感到困惑和不明了是最好的状态。然而,这一观点显然是错误的。或许在十年前这种策略可能奏效,但如今已不再适用。如果学员连课程的内容都没能听明白,不清楚如何操作,他们又怎么会愿意买单呢?

记得2013年我参加美国的ASTD大会时,我注意到一个有趣的现象:欧美那些管理学大师并不急于推销自己的课程,而是更倾向于推销自己的书籍。他们是如何推销书籍的呢?他们会将书中的核心内容提炼出来与大家分享,书中的核心观点和工具方法都毫无保留地展现出来。当这些书籍得到更多人的认可后，他们便以这些书籍为基础，开发出相应的版权课程。

然而，在中国的情况却恰好相反。我们的大部分讲师通常不会采取这种方式，他们的书籍往往难以阅读，甚至并非自己亲自撰写。这是因为很多讲师担心，如果把课程内容讲得太明白，学员就不会再购买他们的课程了。但在国外，情况却截然不同。他们更担心你不去阅读他们的书籍，因为如果你不读书，就不会对后续的版权课程产生兴趣。

因此，我认为课程的内容一定要讲清楚。这不仅是对客户价值的承诺，更是后续合作的起点。无论是我的第一本书《大师是怎样炼成的》，还是这本《好课像大片》，我都毫无保留地将我的核心精华分享给大家。在任何场合分享时，我都会以书中的内容为基础。我发现，多年来找我合作的人，大多数都是因为看了我的书才找到我的。例如，一亿中流董事长刘海峰、中旭董事长王笑菲，以及黑鲨名师创始人张彦等人，都是因为我的书籍而与我建立联系的。

很多讲师担心传授给学员绝招后，会导致没有后续合作。这就像人们常说的"教会徒弟，饿死师傅"。然而，这种情况的发生，仅有一种原因，即你的方法论本身不够深入。为了解决这个问题，你应该不断提升你的课程内容，帮助学员应对更复杂的问题。但实际上，对于真正专业的课程，学员往往不会如此短视。因为在这个世界上，专业的事情应该由专业的人来做。他们不会为了节省几万元而让企业耗费更多的人力物力。企业家能够成功经营企业，正是因为他们崇尚专业、追求高效、力求价值最大化。他们不会为了节省几万元的学费而自己去花时间研究。

促使行动的两大标准：有绝招、有承诺

有绝招

什么叫绝招？就是一招制胜、一招制敌、一剑封喉，这一招便是绝招。作为讲师，核心任务是协助学员厘清思路，抓住主要矛盾，深入本质，实现四两拨千斤、牵一发而动全身的效果。

为什么促使行动要有绝招？

因为只有一招，学员才敢学。讲师若仅有一招，便意味着已触及核心与本质。当你找到关键的"牛鼻子"，抓住主要矛盾，即掌握了解决问题的七寸，寻得核心规律。世界纷繁复杂，万物皆有普遍规律，解决问题亦然。我们必须发掘规律，紧抓主要矛盾，并寻找解决之道。面对纷繁的信息，讲师需要具备取一舍九的能力，即能够抓住核心与本质，将复杂问题简化。这个"七寸"便是绝招，我们始终要探寻解决问题的那个"一"，这个"一"便是绝招。

例如，课程定位的"一"在于"不同一招解决一痛"；课程框架的"一"在于传递信任；课程开场的"一"在于塑造挑战；课程中场的"一"则在于挑战现状。

因为只有一招，学员才愿意学。务必铭记，所有的动作都涉及成本，动作一旦增加，成本也随之增大。有时，做得越多反而错得越多。过多的招式本身便是成本的累积，更糟糕的是，招与招之间还可能相互冲突，造成更大的成本损耗。另外，学员的时间和精力始终有限，过多的招式意味着他们需要投入更多的时间和精力。因此，招式过多的最终结果必然是学员失去学习的兴趣和动力。

因为只有一招，学员才能精通。行动教育的李践老师曾分享过他早期练跆拳道的经历，他的老师曾告诫他：永远不必畏惧掌握10000招的人，但永远要敬畏那些将一招练至10000遍的人。十银不如一金，往往只有一招能够练到极致，才能精通，才能一剑封喉。如果今天练这招，明天又练那招，最终只会变成花拳绣腿，毫无实战效果，甚至会荒废自己的功夫。讲师授课亦是如此，我们给学员提供一堆工具和方法时，应先扪心自问：若我们自己全部练习，是否会荒废精力？己所不欲，勿施于人。很多讲师在传授一堆工具和模型之前，应先自问能否全部实践一遍。若连自己都做不到，又怎能要求学员去实践呢？即便学员愿意尝试，这么多招式又需要耗费多少精力与时间呢？因此，真正好的商业课程永远聚焦于一招。这个世界总是难者不会，会者不难。做任何事，都存在一个最佳方法。只要掌握并精通这一招，一切难题都将迎刃而解。以游泳为例，学会游泳的核心"一"是什么呢？我个人认为，并非教练，而是坚持练习，多呛几次水，自然就能掌握技巧。我们从小到大，不都是这样学会各种技能的吗？游泳教练之所以能教你游泳，不就是希望你通过多练习来掌握技巧吗？当然，教练的作用在于让你的泳姿更加优美，游得更快，但要说游泳的核心，无疑是"多练"。

教一招，对于商业讲师来说，是一项巨大的挑战。因为很多商业讲师并不具备"绝招"，他们或许拥有许多招式，但真正称得上是绝招的寥寥无几。

绝招的形成，需要经过长时间的打磨和锤炼，正所谓十年磨一剑。为什么你能拥有绝招？这必然是在某个特定领域，通过不断的实践和总结，深入洞察并成功攻克核心矛盾所取得的成果。如果商业讲师只是停留在口头讲述，而不去实践、不去深入研究，或者只是浅尝辄止，那么他们又怎么可能拥有真正的绝招呢？又怎么可能找到问题的核心矛盾呢？

绝招的考验不仅在于十年磨一剑的毅力，更在于对人性的挑战。人性往往倾向于追求多样、追求宏大，喜欢那些花哨的模型和大框架，以此来显示自己的专业。人们喜欢做加法，不断添加各种元素。然而，大道至简，真正的绝招考验的不仅是实践，更是对人性的考验：是否能坚定地找到那个"一"，是否能坚定地取一舍九，是否能坚定地奉行第一性原理，是否能坚定地相信万事万物并不复杂，关键在于找到那个关键的"一"。是否能坚定地将复杂留给自己，将简单呈现给学员？是否能坚信，只要找到最关键的问题，其他问题便会迎刃而解？

有承诺

学员不仅能学会绝招，而且承诺回去后会进行变革，解决问题，并立即行动。

为什么行动的标准是有承诺呢？原因在于上课并不等同于解决问题。课程虽能激发学员解决问题的意愿，但单纯上课千次也无法直接解决问题。

课程和落地确实是两个截然不同的领域。落地往往意味着组织的深层次变革，而变革的成功涉及组织的多个方面。课程无疑在其中扮演重要角色，但如果将好课程简单等同于落地，则过分夸大了课程的价值，甚至可能让课程变得功利化，对学员产生负面影响。企业的成功终究依赖于企业家和核心管理层的决策与努力，我们不能将企业的命运完全寄托于一堂商业课程。

因此，商业课程应当传达的信息是：上完课是落地与变革的起点，而非问题的终点。

课程最终是如何协助学员解决问题的呢？它主要是通过促使学员行动，在学员掌握绝招后，引导他们现场承诺回去解决问题。这种承诺有助于学员明确自己的使命和价值。

为什么要在课堂上要求学员进行承诺并明确其使命和价值呢？原因就在于课程所营造的独特氛围。学员一旦离开课堂，往往会受到现实的影响，使得原本强烈的改变意愿逐渐消磨，甚至被现实的工作环境所同化，进而失去行动力。我自己也曾面临过类似的问题，我期望听完课的讲师能立即付诸实践，创作出优秀的作品。但事实是，他们一旦回到日常工作中，便忙于授课，再加上缺乏老师指导和鼓励，很快就将绝招的练习抛诸脑后了。

那该如何是好呢？显然，我们不可能全天候地跟随并督促每一位学员。因此，唯有充分借助学习氛围的营造以及学员之间的相互鼓励，来引导学员做出承诺。

这就好比医生找到了患者的病根，并为他开具了药方，但这并不意味着一切就此结束。如果患者不按照医嘱行事呢？优秀的医生会鼓励患者勇于挑战现有的不良状况，努力改变那些不良习惯。医生还会建议患者家属配合进行监督，并要求患者定期复诊。医生甚至会定期对患者进行电话回访，确保患者的治疗进程得以顺利进行。所有的这些努力，都是为了实现真正的改变，为了解决患者的问题！

让学员在课程现场做出承诺，这对很多讲师来说是个大挑战。为什么？因为怕麻烦！

课程即将结束时，所有该讲的内容都已传达，学员只要能够学到一些就已经达到了目的，那为什么还要额外要求他们做出承诺呢？这不是在给自己增添负担吗？如果学员回去后不知如何行动，或在执行过程中遇到难题，岂不是自找麻烦？

然而，我们反过来思考，我们的课程难道不需要经过更多实践的反馈与验证吗？我们常说十年磨一剑，这里磨的并不仅仅是讲师的口才，更是我们方法论的持续精进，是讲我所做、做我所讲的实践精神。正是因为学员在实践过程中遇到的种种挑战，我们才能积累更多的案例，让课程更具活力。我们应该感激学员，他们在遇到困难时还能想到我们。

因此，"麻烦"其实是课程改进的最大契机！正是因为有了这些"麻烦",我们的课程才能与众不同。

"麻烦"也是新的合作起点!

"麻烦"更是客户价值的体现!我们课程的宗旨就是解决问题,面对真实的人解决真实的问题,否则我们如何兑现对学员的承诺呢?

99%的教学模式无法促使学员落地

西方案例法很难促使行动

2011年,我和李践老师参加了由美国哈佛大学和交大合办的"专业服务EMBA研修班"课程,课程为期大约15天,授课的都是哈佛大学的教授。开课前,我收到了一本厚重的教材,里面全是经典案例。最初,我以为这些案例只是参考资料,没想到它们就是课程的全部内容。

课程是如何进行的呢?我们被分成小组,每组大约6人,在小会议室里讨论。每个人都需要针对案例分享自己的见解。之后,讲师会将所有人集合起来,让每个小组的代表分享观点,并不断提出问题引导大家辩论。但讲师从不表达自己的观点,不会明确指出谁是对的、谁是错的,而是鼓励每个人都去实践。

基本上每天有两个案例,上午一个,下午一个,总共15天的学习时间。这次学习让我结识了很多国际顶级咨询公司的中国高层,如翰威特、合益集团等,课程内容也有很多收获。但根据行动教育的1:3学习原则,即学习后需要进行转训,我和李践老师作为公司委派的学习者,我发现自己似乎什么也没学到,因为没有学到任何具体的方法,全是案例分享,这使得转训变得非常痛苦。而李践老师的分享却非常出色。我问他:"哈佛老师不是这么讲的吧?"他回答说:"虽然哈佛老师没有直接讲,但这些案例背后都有共性规律,我在进行总结。"这对当时的我来说是一个巨大的挑战，因为我没有那样的能力。

因此，西方案例法实际上包括四个步骤：案例启发、导师引导、结合实际、自我行动。这种教学模式在西方非常成熟，但直到今天我仍然认为这不是一个有效的教学模式。事实上，这种模式在中国很难推广，因为它难以促使学员行动。由于每个学员的悟性、专业素养不同，再加上课程时间较短，普遍感觉收获不大。为什么这种模式在西方流行？主要原因是教育水平和价值观念的差异。

西方企业普遍较为成熟，教育水平相对较高，案例法非常尊重每个人的想法，鼓励实践。但我们参加课程是为了解决问题，是为了发现盲点，找到问题的真相，并解决问题。但西方案例法无法满足这些需求，其本质仍然是传授知识，通过案例学习其他公司的良好做法，但难以促使学员行动。

结合行动学习法和专家方案才能达到完美

2013年，我接触到了行动学习法，感觉如获至宝。通过群策群力定义问题、分析问题、解决问题，我投入大量时间研究并实践行动学习法，并在行动教育发起了一场变革，要求总监以上岗位都成为"行动教练"，以便使用"行动学习"这一工具服务更多企业。同时，也要求导师将行动学习的一些工具应用到课程中，这对提升行动教育的课程品质起到了很大作用。

但如果只有行动学习法，还是难以促使学员行动。为什么呢？行动学习法的最大价值在于群策群力，可以深度挖掘团队的智慧。我在《大师是怎样炼成的》一书中对此有过详细介绍。但行动学习法最大的问题是缺乏创新和超越。因为现实中往往是"三个臭皮匠顶不过一个诸葛亮"。如果只有行动学习，在定义问题时不够深入，分析问题时找不到标杆和参照，那么解决问题的方法自然不会精准有效。

某行动教练组织了一次针对某公司人力资源部的行动学习。通过群策群力，人力资源部的几位同事共同定义了他们面临的最大挑战："一个月内要招到10个核心人才，且入职一年内不能离职"。这是根据企业各部门的需求和公司未来的长期规划得出的。这意味着需要对入职人才的能力、人岗匹配以及价值观进行深度考察。

定义问题后，开始分析现状，大家找到了很多问题，如招聘部门人手不足、招聘渠道不够精准等。但在寻找和对比标杆时遇到了困难。一个月能招到10个至少干满一年的核心人才的人力资源部部长是什么样的？需要多少人？这个岗位要求什么素质？他们的招聘流程和渠道是怎样的？他们的最佳实践是什么？这些最佳实践仅靠行动学习是难以发现的，因为大家都是在闭门造车。

因此，行动学习法在什么时候最有效？一定要有专家方案的配合才能达到完美。我经常对行动教练的创始人季益祥老师说，"行动教练+专家配合"才是最完美的组合。

咨询师思维教学无法促使行动

咨询师思维教学，即一个模型接另一个模型，一个框架连另一个框架，一个案例跟另一个案例，常使人感到迷茫，不明其真正意图和所要解决的具体问题，然而，其高深莫测的形象却令人叹服。

咨询师思维教学的显著特点在于，讲师往往独自演讲，而听众则常显困惑。曾有一位我试图改变的咨询师对此持有异议，他提及某次分享时听众十分专注，但经我深入了解，发现那些听众多为同行咨询师，他们来此取经，自然对讲师所授内容倍感兴趣。然而，当咨询师面对企业客户，传授商业课程时，若仍采用这种模型连框架、框架接模型的方式，恐怕除了让人觉得你故弄玄虚外，最大的效果便是使听众一头雾水，最终陷入沉睡。我常开玩笑说，失眠的老板若想寻得安眠，去听咨询师讲课便是良策。

我有幸参加一次战略课程，某讲师详细阐述了麦肯锡、波士顿等知名咨询公司的模型，他飞快地从一个模型跳转到另一个，每个模型仅花费三分钟讲解，相较之下，波特对同一模型的深入剖析竟用了三天。然而，结果是大部分听众在讲师的连珠炮语中沉沉睡去。

这便是典型的咨询师思维授课方式，他们试图灌输知识、工具和模型，但往往适得其反，学员难以从中获得真正的收获。我敢断言，这些所谓的知识在学员的脑海中，不出一周便会烟消云散。他们依然面临着一个问题：接下来究竟该如何行动？

搬运工式教学更难促使行动

搬运工式教学，即四处搜寻工具，闭门造车般创造工具，总觉得工具不够多，永远认为学员渴望从他们那里获得方法和工具。

例如：

| 教你25种有效的定位方法 | 100个招聘干货 | 50个识人技巧 |

这种教学方式往往体现了典型的"东方不亮西方亮"的思维，仿佛讲师手中有无数招数，总有一招能适合学员。然而，这却使学员陷入迷茫，无所适从，这无疑是对学员的一场折磨。学员要学习并掌握如此众多的技巧，需要投入大量的精力，而推行这些技巧又将耗费巨大的成本。

有时我不禁思考，讲授这些内容的讲师是否真正运用过这些工具，是否对它们进行过深入的研究。如果他们自己都没有深入理解，却为了讲课和赚取课酬而教授这些内容，这实在是令人担忧。

实效教学法才能促使行动

那如何才能有效地促使学员行动呢？我极力推荐实效教学法。

什么是实效教学法呢？它强调所有的焦点都应放在学员的收获和成果上。这里的核心并非讲师本人或其个人的演讲内容，而是学员的收获、成长与改进。

这就意味着，实效教学法要求讲师对自己在教学中的角色有深入的认识。在课程中，讲师应扮演双重角色：既是专家，又是教练。

- 专家角色意味着讲师在其专业领域具备权威，拥有深入的研究和丰富的实践经验。
- 教练角色则要求讲师引导学员，激发他们解决问题的责任感和使命感，引导他们结合实际情况，最终解决问题。

"专家+教练"这两种角色的结合在现实中是否可行？答案是肯定的。领导者理应成为这样的角色，我们理想中的领导者形象不正是"专家+教练"两种角色的完美结合吗？然而，为什么很多领导者无法完成他们的使命？正是因为这两种角色长期缺失。如果一个领导者仅将自己定位为专家，他可能会成为业务领域的佼佼者，这样的确可以亲力亲为，效率似乎高且省事。但这也意味着团队的业绩完全依赖于"老大"，限制了发展的天花板，业绩的可持续性也无从谈起。如果一个领导者仅将自己定位为教练，那么团队可能难以信服他。衡量一个领导者是否合格，关键在于他解决问题的能力。如果领导者只注重心理建设而不着手实际工作，长期来看也无法赢得团队的尊重和信任。

因此，实效教学法意味着讲师应成为学员的"领导"，引导他们各自解决问题，并专注于自己的成果。我们可以借鉴成熟的"领导训练四步法"：

- 我做你看：领导示范，下属观察。
- 我说你听：领导解释，下属理解。
- 你做我看：下属实践，领导指导。
- 你说我听：下属分享，领导反馈。

这四个步骤应成为讲师在课程结束前的关键环节，确保实效教学法的实施。讲师通过这四个步骤，帮助学员获得实际的收获和成长。

- 我做你看：讲师拆解案例。
- 我说你听：讲师拆解方法。
- 你做我看：学员结合实际。
- 你说我听：确保学员领会。

这就是实效教学法，其核心逻辑是将课程现场视为实战场所，确保学员在现场就能精通、实践、有所收获，并坚定其后续应用的决心。为此，我们提供给学员的方法、案例和练习必须简单明了，这对讲师来说是个挑战，意味着他们需要将复杂问题留给自己处理。如果学员在课程中感到困惑或无法操作，那就说明实效教学法存在问题。

实效教学法怎么做

课程收场到底怎么促使行动呢？通过上面的案例我们已经进行了总结。

一招制胜

一招制胜的关键在于三个动作：狠练一招、抓牛鼻子、再做标准。

狠练一招。我们始终强调要专注于"一招"，并将其练至炉火纯青。

这就是狠练一招的真谛。

例如，"夏晋宇大片课"的狠练一招，是用大片来制作课程；课程定位狠练一招，是确保每一招都针对一个痛点；课程框架狠练一招，旨在入脑入心，传递信任；课程开场狠练一招，通过塑造挑战，促使学员决心改命。

因此，每次课程结束时，你应只展示一招，并将其磨炼成绝招。要穿透这一招，你必须先找到它，否则难以实现目标，因为你尚未触及关键所在。

抓牛鼻子。有了这一招，下一步便是如何深化练习。首要之务是抓牛鼻子！如同公交车中的钢化玻璃，遇险时人们需要敲破它逃生。但钢化玻璃经过特殊处理，即使力气再大，锤子再硬，如果敲击位置不当，就无法敲碎。因此，围绕这一招，必须精准地抓牛鼻子、抓七寸、抓要害，避免陷入对工具的过度依赖，避免制造出一堆无用的模型。

例如，课程定位中，找钉子的关键在于抓牛鼻子，从大痛点、大师论、大竞争出发；课程框架中，传递信任的关键在于抓牛鼻子，确保内容一脉相承、一剑封喉、一首诗词；课程开场时，决心改命的关键在于抓牛鼻子，定义使命、定义愿景、定义标准。

再做标准。最后，务必确保这些内容能够落地，转化为学员可操作的具体动作和标准。动作和标准，就是那些能够直接执行和操作的。大框架和大概念无法直接落地，唯有具体化为动作和标准，才能实现行动。

例如，"统一思想"是一个大概念，不是具体的动作或标准，因此学员难以实践。而"每天培训1小时企业文化"则是一个具体的动作和标准。任何动作都应能落实到具体的责任人和时间，并能进行检查。那些无法落实到责任人、时间和检查的，都不是有效的动作。

又如，课程开场决心改命的牛鼻子"定义使命"，需要具体化为可操作的动作，如抛出和解释，这就是两个具体的动作和标准。

在"看夏晋宇大片课"中是如何开场并促使学员行动的。

大片开场方法论：塑造挑战促使决心改命

定义使命
把挑战/目标上升到使命
这节课我们要用命干的一件大事

抛出：站在学员角度用一个关键词表达
不是小事是大事 不是小目标
而是大目标 大挑战 够大 够刚 够尖

解释：是什么/不是什么

定义愿景
使命之后的价值追求
为什么要干这件大事，干这件事的价值

抛出：1~3个
把梦想照进现实
把未来带到现在

解释或案例：为什么

定义标准
验证使命是否达成的具体标准
也是实现使命面临的挑战/障碍/困难

抛出：1~3个关键词表达
不是泛泛而谈
是具体的、可衡量的

为什么：为什么是这个标准

解释：是什么/不是什么

挑战：实现标准的挑战

传授绝招，而且只有一招。

开场的核心问题在于如何使学员一开始就决心改命。如何实现这一目标呢？关键的一招便是"塑造挑战"。

那么如何塑造挑战呢？接下来就是狠练这一招：围绕塑造挑战抓住关键，即定义使命（定义挑战）、定义愿景（塑造挑战）、定义标准（量化挑战）。

找到了这一核心一招的关键环节后，接下来对每个关键环节制定清晰具体的动作和标准。例如，定义使命包括抛出和解释两个关键动作；定义愿景包括抛出和解释或案例两个关键动作；而定义标准包括抛出、解释、为什么和挑战四个关键动作。

尽管看似有很多具体动作，但它们都是围绕"塑造挑战"这一核心一招展开的。

第 5 章 好课收场

因此，实效教学法的"一招制胜"就在于狠练这一招，抓住关键环节，明确具体动作和标准。

有些讲师可能会担忧，促使学员行动是否会误导他们？毕竟每家企业的实际情况不一样，万一学员按照所给方法行动却失败了，岂不是误导了他们？

因此，讲师更应对课程怀有敬畏之心，对客户持有尊重。需要抓住问题的核心，找到问题的关键，总结普遍的规律。讲师应时刻铭记，世间万物皆有规律可循，企业问题中80%是共性规律，而20%是个性差异。作为讲师，我们的任务不是去详述那20%的个性差异，而是要提炼出那80%的共性规律。我们应关注的是自己是否真正十年磨一剑，是否在该领域专业、专注、专心，是否对所在领域怀有狂热的热爱和执着。只有这样，我们才能抓住主要矛盾，找到问题的关键，而不是给学员一堆工具和方法，试图面面俱到。我们需要去伪存真，去掉与真相无关的细节，抓住主要矛盾，找到问题的核心。

同时，我们也应信任学员的判断力。你的最佳实践只是为他们提供了一条途径。

我曾在中旭教育的产品战略会议上，听到王笑菲董事长分享了一个观点，我深感赞同。他提到，讲师不应陷入无休止的学术争论，因为这样的争论往往没有结果。的确，没有任何一种理论或工具能够解决所有问题。因此，我们要认识到世界的多元性，你只是从自己的角度为学员提供启发。世界上挑战众多，解决方案也多种多样。特别是在管理领域，没有普遍适用的真理。学员并不追求真理，他们更希望听到你的最佳实践和经验总结，以此启发自己。

一招精通

有了绝招，就要让学员精通，把它学会，把它练会，这就是一招精通。

实现一招精通的过程中，有四个核心环节不可或缺：案例引导、工具固化、现场演练、共同点评。

案例引导。讲师需要铭记在心，案例是为方法论服务的，更是为绝招服务的，而非仅仅为了案例本身。当前，存在一种现象，即许多案例与所传授的方法论和绝招并无直接关联，这不仅导致学员难以理解方法论，甚至可能对其产生误导。因此，案例的选取与呈现必须清晰明了，确保学员一听就懂。

以几个实例加以说明。什么是定义使命中的"抛出"这个动作呢？

在"夏晋宇大片课"中，开场便抛出使命："好课就是换脑"。

在"课程定位"这节课中，开场便抛出使命："定位就是要把一颗钉子钻进学员脑袋"。

在"课程框架"这节课中，开场便抛出使命："框架就是传递信任"。

在"课程开场"这节课中，开场便抛出使命："开场就是决心改命"。

通过这些实例，我们可以更好地帮助大家理解定义使命中"抛出"这一动作的具体含义和运用。

工具固化。一旦明确了动作和标准，就可以将其表格化、工具化，便于应用。

例如，这个表是一个塑造挑战的工具。

塑造挑战工具

定义使命	抛出	
	解释（是什么/不是什么）	
定义愿景	愿景1	抛出	
		解释或案例（为什么）	
	愿景2	抛出	
		解释或案例（为什么）	
定义标准	标准1	抛出	
		解释（是什么/不是什么）	
		为什么（为什么是这个标准）	
		挑战（实现标准的挑战）	
	标准2	抛出	
		解释（是什么/不是什么）	
		为什么（为什么是这个标准）	
		挑战（实现标准的挑战）	

记住，工具必须与绝招紧密匹配，二者如同一体，不能割裂。遗憾的是，很多讲师常犯一个非常初级的错误，即将方法与工具割裂开来，视其为两个独立的实体。这种做法只会使学员感到迷茫，最终无法获得任何实质性的收获，只能留下满腹疑惑。

现场演练。有了标准和工具，需要指导学员根据实际情况，运用工具表格制定自己的方案，确保绝招得以应用。

共同点评。共同点评包括学员互评和讲师点评。学员可在小组内分享，互相提出建议，也可上台分享，接受讲师的具体建议。

无论哪种点评，对学员都至关重要。虽然讲师点评的是个别学员，但问题往往是共性的，通过点评有代表性的学员，其他学员可以对照自身，发现问题。

例如，课程开场要"抛出使命"，使命需要够大、够刚、够尖，这是三大标准。我会要求学员先用这些标准自我评估，再接受学员和讲师的评估。通过互动，学员能够深刻理解绝招的精髓，实现一招精通。

一招落地

当学员精通绝招后，需要制订具体计划，并确保其实施。

一招落地包含两个核心动作：群策群力、改进计划。

群策群力。小组成员应互帮互助，通过集思广益，使每个成员的方案更加科学、符合实际。如果小组成员来自同一家公司，则效果更佳。结合专家方案与群策群力，学习效果定能显著提升。

讲师应激发每位成员的责任和使命，特别要激发组长的责任感。有时，小组间的PK也是一种有效的激励方式。关于PK的具体方法，本书未详细论述，因很多讲师已对此有丰富经验。如感兴趣，可参阅《大师是怎样练成的》。

改进计划。这里提供一个行动改进计划表，作为参考。

行动改进计划表

序号	具体行动	完成标准	责任人	完成时间	检查人	赏罚承诺

改进计划包含六个关键要素：具体行动、完成标准、责任人、完成时间、检查人、赏罚承诺。此行动改进计划表非常实用，讲师可根据需要直接使用。

以上就是实效教学法的应用示例。实效教学法，其核心理念在于追求实效与实用，致力于促使学员行动，确保现场既有方案又有承诺。

实效教学法更贴近中国人的思维方式和性格特质，中国人崇尚实用主义。因为只需专注一招，自然易于学习，也自然容易掌握，进而能够顺利应用于实际中。

商业课程与基础教育不同，商业讲师也不同于大学教授。讲师必须有真才实学，手握实效绝招。

这一过程对讲师的要求更为严格，讲师不仅要担任行动教练的角色，还要扮演真正的专家；既要协助学员明确核心要点，把握事物本质，又要引导学员结合个人实际进行应用。

收场促使行动工具

一招制胜	狠练一招	
	抓牛鼻子	
	再做标准	
一招精通	案例引导	
	工具固化	
	现场演练	
	共同点评	
一招落地	群策群力	
	改进计划	

本章总结

1. 好课收场就是促使行动
2. 促使行动就是兑现承诺
3. 促使行动才是合作开始
4. 促使行动的两大标准：有绝招、有承诺
5. 实效教学法才能促使行动
6. 实效教学论
   - 一招制胜
   - 一招精通
   - 一招落地

全场共情

第 6 章

重新定义课程演绎

本书的第3~5章构成了完整的课程内容设计。可以说，其中的每一句话都是经过精心策划的。既然内容已经完备，那么我们应该如何演绎这些内容呢？

为什么同样的内容，在不同人的演绎下，效果会大相径庭呢？就像影视作品一样，虽然剧本都是金庸的小说，但不同的导演和演员演绎出来的效果，观众的评价却各不相同。以行动教育的王牌课程"浓缩EMBA"为例，其年销售近3亿元，很多学员多次复训，员工对这门课程更是了如指掌。理论上讲，他们也能进行讲解，但在巨大的市场价值面前，除了李践老师，并没有出现第二个能讲好"浓缩EMBA"的讲师。

由此可见，学员所获得的价值不仅仅来自课程内容本身，还取决于由谁来讲解以及如何讲解，即讲师如何演绎这些内容。

那么，什么样的课程演绎方式能让内容的价值发挥到极致呢？答案就是全场共情，包括开场共情、中场共情和收场共情。

共情，顾名思义，就是共同的情绪。它要求学员能够深刻感受到你、理解你、认同你，你的演绎和分享能够引起学员的深刻共鸣和响应。当学员能够感同身受，感觉与你是一体的，是兄弟、知己、战友，愿意与你共同奋斗时，你就成功地用"心"去触动了他们，而不仅仅是"脑"。

这正如电影所展现的那样。以大片《2012》为例，虽然地球即将毁灭的情节让观众担心人类的命运，但更多的时候，我们最关心的还是主人公的命运。尽管这个主人公在现实中可能只是个平凡甚至失败的小人物，但为什么我们仍然对他充满同情和关注呢？原因就在于整部影片中，他与我们产生了深深的共情。

第6章 全场共情

共情是课程的最高境界

为什么要全场共情？懂你、爱你，这是课程的最高境界。这不仅是为了让学员喜欢课程，更是为了让他们喜欢你这个人。好课程不仅要有说服力，更要给学员留下深刻印象。共情让课程充满魅力，更有说服力。那么，为什么好课程能换脑呢？这不仅仅是内容本身，更多的是学员对讲师的认可和信任。

最近，《狂飙》这部电视剧成为央视八套近九年收视率最高的剧，当之无愧的剧王。很多网友留言想嫁给高启强大哥，尽管他是黑社会老大，但有情有义；也有网友爱慕大嫂陈书婷，因为她成熟性感、独立自主、个性鲜明、气场全开。

明明知道这些角色并不符合传统价值观，但因为共情，观众竟然喜欢上了他们。

同理，学员看的不仅仅是书，更是你；学员听的不仅仅是课，更是你。

2014年，我精心撰写了《大师是怎样炼成的》一书，每一个字每一句话都经过深思熟虑。我希望这本书不仅是工具书，更是与读者的深度交流。事实证明，这个决定非常明智。离开行动教育后，很多客户因为这本书主动找到我，没有助理，没有营销，甚至早期连办公室都没有。

汪洋老师，专注于餐饮行业培训，曾与我分享过他终于找到我的心路历程。看完我的书后，他便下定决心要找到我，与我交流。他通过各种途径试图与我取得联系，甚至到行动教育的商务楼蹲

守,但每次都因各种原因未能如愿。他在上海有个好兄弟,便拜托这位兄弟一定要找到我。机缘巧合下,我们终于得以相见,他见到我的那一刻,表现得非常激动。

课程的情况亦是如此。有的学员听李践老师的"浓缩EMBA"已经复训了50多次,今麦郎的董事长范现国在半年内也复训了5次。尽管这些内容他们可能已经熟记于心,但他们为什么仍坚持学习、上课呢?一亿中流的刘海峰老师的"高维战略"课程亦是如此,复训10次以上的学员屡见不鲜。究其原因,他们来上课并非仅仅为了听课,而是想要亲眼见到讲师,寻求情感上的共鸣,获取力量和信心。

课程如此,商品亦是如此。客户购买的不仅仅是商品,更是对你的信任。道理都是一样的!销售界有句名言:"销售产品之前先销售自己!"

苏宁电器的张近东董事长在2011年的公司大会上号召全体员工向一个人学习,这个人便是马朝。马朝当时只是行动教育南京公司的一名销售伙伴,而张近东从未见过他,那么张近东为什么会号召全体员工向马朝学习呢?

原来,马朝曾偶然间得到了张近东的手机号码,但他并不确定这个号码是否属于张近东,因此不便贸然打扰。然而,他仍然坚持每天发送一条激励的短信给张近东,这一行为持续了整整一年。在当时的时代,移动互联网尚未普及,短信是大家普遍使用的通信方式。

某日,张近东突然致电马朝,询问其身份。马朝接到电话时有些惊讶,立刻回应自己是行动教育的销售顾问。张近东随即表示,希望马朝能尽快带领公司领导前往其公司的人力资源部,他已经通知了副董事长和人力资源部负责人,意图开展全面合作。

令人惊讶的是，张近东在做出这一决定时，甚至未曾与马朝见面。那么，究竟是什么促使他做出这样的决策呢？显然，这并非因为行动教育的课程有多么出色，因为张近东本人并未参与过课程。真正的原因在于他对马朝的一种感觉，一种对马朝坚持不懈、永不放弃的正能量的认同。

所以，为什么要让学员懂你、喜欢你？因为只有懂你、喜欢你，学员才会发自内心地努力学习，从而产生百倍千倍的学习动力！很多讲师曾对我说："夏老师，你的课程打磨方法论真是太棒了，我一定要让学员喜欢我的课。"我总是鼓励他们："不仅要让学员喜欢你的课，更要让学员喜欢你这个人。"

我深信这个观点。记得我读初中的时候，虽然政治课并非升高中的必考科目，但我每次政治课都能取得满分。为什么我的政治课成绩如此出色呢？原因就在于我喜爱那位政治老师，他讲课风趣幽默，我总是积极与他互动，每当他提问，我总是第一个抢着回答。这种喜欢举手回答问题的习惯，实际上就是在初中时期培养起来的。

后来，我逐渐发现，我的学习成绩与我对老师的喜爱程度是成正比的。凡是我喜欢的老师，我的成绩都非常好，这不仅仅是我的情况，其他同学也是如此。这实际上是符合常理的：只有你喜欢这位老师，你才会认真学习，你才会努力展现自己。

共情的四大标准：真、爱、趣、梦

全场要与学员共情，让学员懂你、爱你，这难不难呢？当然很难！共情一次或许简单，但全场都要共情则显然不易。要想实现课程全场共情，

好课像大片

需要遵循四大标准：真、爱、趣、梦。讲师应当是一个真实的人，敬畏学员，有趣味，有梦想。

真

什么是真？即无论是课程还是讲师，给学员的感觉都应该是真实的。这意味着课程必须讲我所做，做我所讲。讲师应讲述自己的故事、实践及独特体系，而非重复他人的故事。小米、华为、苹果虽好，但与你并无直接关联。

唯有真实才能打动人心，与人共情。展现真实的自己才能真正触动学员，而虚假无法引发共鸣。为什么李践老师、刘海峰老师的课程即便你倒背如流，自己的课程仍难以成为大片课？原因就在于你不够真实。那些知识体系并非你的亲身体验，即便你演技再好，也无法传递真实的感受。真实是无法伪装的，学员接收到的信息便是你在背诵。对于大片课而言，讲我所做、做我所讲是最基本的要求。

在行动教育时，公司曾规定每个部门每天早上轮流分享半小时，之后半小时由其他同事进行点评。对于行动教育而言，建立企业的内部商学院固然重要，但自身也需要设立商学院。某日，轮到一位专注于事业的大龄女青年分享，由于她从未谈过恋爱，但在分享客情关系时，她以恋爱为喻。恰好，李践老师因关注课程研发，那次也参与了我们部门的活动。在点评时，他严肃地对这位同事说："你说客情关系像谈恋爱，但你真正谈过恋爱吗？我们的课程一直强调讲我所做，做我所讲。既然你未曾恋爱，又怎能确切描述客情关系与恋爱的相似之处呢？"尽管当时大家认为李践老师有些不近人情，但他的理念"讲我所做，做我所讲"却深入了每个人的内心。

2023年高考期间，一张环卫工人的照片广为流传。她手持矿泉水，等待高考结束的儿子，为了第一时间迎接他，连工作服都未换。考试一结束，她的孩子便迫不及待地奔向母亲，两人紧紧相拥。孩子接过母亲手中的水，大口喝下，母亲则满心欢喜。这位孩子并未因母亲是环卫工人或皮肤黑而嫌弃她。这张照片感动了无数网友，迅速登上热搜。

然而，那天在考场外等待的家长众多，有的坐着豪车，有的手捧鲜花，这些场景当时确实很感人，但往往只是短暂的一瞬。唯有这种真挚的情感，这种质朴的真实，让人长久难以忘怀。

谈及真实，我不禁想到东方甄选的董宇辉。他被誉为史上最大的网红，曾在15分钟内售出18万本《唐诗三百首》。很多粉丝表示，他们家的购物清单几乎取决于董宇辉的推荐。据传，董宇辉的IP估值高达50亿元。为什么他能赢得如此多粉丝的喜爱？关键在于他能与观众产生共鸣。自从"小作文事件"后，我也开始关注董宇辉，观看了他的很多视频，不知不觉间成为他的粉丝。董宇辉能与我产生共鸣，其中一个重要原因便是他的真实。

爱

要实现共情，仅仅真实还不够，你还需要有爱，即对学员的爱。

学员之所以深受感动，是因为你充满爱意。你的每一句话都站在学员的立场，真心关心他们，敬畏他们，爱护他们。你设身处地为他们着想，时刻关注课程的价值和学员的收获。你在讲每一句话时都会反问自己：这句话是否必要，是否有价值，是否浪费了学员的时间？

你把每一次讲课都当作生命中的最后一天，全力以赴。你致力于为学员创造最极致的学习体验，以心换心，将心比心，深入理解他们。

你是否真实，是否真心在乎学员，这些并非空口说说，也不是讲师自我评判的。学员心中自有分寸，真正关心学员的讲师，学员都能深切感受到。真爱是无法伪装的。

行动教育的李践老师，他的课程就是如此。尽管我已经有八九年没有听过，具体内容早已淡忘，但他那种全力以赴、永争第一的精神，我至今仍记忆犹新。一亿中流的刘海峰老师也是如此，那种想与大家共同成就大事的热情，令人难以忘怀。

回想多年前的老友，尽管可能已久未联系，你们曾经共度多年甚至十几年的时光。或许你已忘记与他们共度的具体细节，但每当想起这些好友，那种温暖的感觉仍会涌上心头。那是他们曾经对你的在乎、关心与着想，所留下的深刻印象。

讲师应该深入反思：我们究竟更在乎课酬，还是更看重学员的价值？我们在研究的领域是否足够深入？我们的初衷是否真正为了学员？我们能否对每一句话负责？我们是否真正全力以赴？我们是否对学员充满敬畏？

你内心的真实想法，学员都能感知到。最重要的是，你要问自己：这门课程是否首先感动了自己？好讲师必定是充满同理心的人。

趣

为什么能与你产生共情？因为你在全场展现出了趣味、幽默与深意。

有趣的人使人感到轻松愉快，自带魅力，激发人们对世界的好奇与热情。鲁迅先生给人的印象多是严肃的，他的照片中鲜少见到笑容，总是一脸正气或愤怒，或者满面愁容。这样的形象令人敬畏，难以亲近，似乎与"有趣"二字毫无关联。

然而，有人却称他为百年来中国最有趣的人。

行动教育的李践老师通常给人一种非常职业化的印象，看似严肃，全心投入工作。然而，只要深入接触李践老师，人们就会有所感触。他分得清工作与生活的界限，工作时全神贯注，玩乐时则尽情享受。我记得2011年，行动教育的核心高管前往欧洲游学，我们乘坐了一辆旅游大巴，游历了德国、意大利、法国和瑞士这四个国家。由于是长途旅行且大部分时间都在大巴上度过，这确实让人感到有些枯燥。但最让我们期待的是李践老师在大巴上分享他的故事，包括他小时候的趣事以及学习武术的经历。无论是在课堂上还是在日常生活中，李践老师讲述故事总是绘声绘色，既有趣又富有启发性。我个人也认为，李践老师是一个极具趣味的人。

一亿中流的刘海峰老师无疑是一个故事高手。众多学员纷纷表示，在"高维战略"课程中，最令他们震撼的便是刘海峰老师讲述的故事，实在令人难以忘怀！更有学员坦言，他们加入刘海峰老师的"2035战略私董会"，正是出于对他讲故事的渴望，因为在"高维战略"上听到的故事还远远不能满足他们的需求。我个人在初次聆听刘海峰老师的课程时，也被他的案例和故事中的精彩内容深深打动。

实际上，能与人共情的讲师都是讲故事的高手。

这对一些讲师来说是个挑战，因为有的讲师确实不擅长讲故事，要么讲得平淡无奇，要么过于文绉绉。一个讲师在专业领域耕耘多年，必定积累了丰富的故事，如果无法表达出来，那确实可惜。

讲故事与专业性并不冲突。越是专业的人，越应学会用故事来表达。特别是咨询师，他们与企业深入合作多年，但如果只呈现流水账般的报告，那就失去了意义，实在可惜。

我曾在一亿中流推行一项变革，为全体伙伴举办了一个月的"销讲训练营"。报名人数众多，初期我们让大家分享同一个案例。当时，为了准备一场为期三天两晚的"高维战略"大课，我给6位即将进入课程现场辅导的资深咨询顾问做了答疑。这6位顾问也参加了"销讲训练营"。培训结束后，我想检验他们的案例分享效

果，于是决定奖励500元给表现最好的讲师。结果令人惊讶，这个精彩的案例被6位讲师讲得一塌糊涂。我当场并未发火，而是重新演示，让他们重试，但效果仍不理想。原来，他们被过去的模式所束缚。这时，一位销售伙伴主动请缨，她分享的案例非常出色，完全出乎我的意料，于是我当场将500元现金奖励给了她。这次经历让我深刻体会到，越是专业的人，越要防止自己变得无趣。

梦

为什么能与学员共情？因为你全场都在激发大家的梦想，使他们从你身上汲取力量、勇气和对未来的信心。

成年人的世界，鲜有"容易"二字。生活中的每一份拥有都来之不易，背后的付出更是荆棘密布。每个人都肩负着家庭、工作和生活的重重压力，竭力追求自己理想中的生活，每一步都走得如此沉重。

每个人都有情绪低落、松懈的时刻，那时他们渴望找到一个依靠，为自己加油打气。你的课程和你本人，一定要充满正能量，积极向上，给予他们鼓舞、信心和力量。这样，学员自然容易与你共情。

每个人都需要勇气和决心去面对生活中的各种挑战。在拼搏的路上，他们可能会感到孤独无助，此时他们渴望有一个榜样引领前行，需要一种精神力量支撑。你的课程和你本人，要成为学员的精神支柱，让他们感受到并非孤军奋战，你在全力支持他们。这样，学员便容易与你共情。

每个人都渴望拥有一位心灵导师。在这个忙碌的时代，人们每天都在奔波劳碌，商战残酷无情，他们的心灵有时需要得到抚慰。如果你的课程能与他们产生共鸣，学员很容易与你共情。

讲师要成为学员的依靠，必须自己保持积极正向的态度，怀揣梦想。无论你的状态还是语言，都要始终传递正能量，奋发向上，给予人们力量。要明白，学员不仅希望从你这里解决问题，更希望你能给予他们能量和勇气。在他们松懈、失去斗志的时候，你的课程能让他们重新振作，再次出发。

行动教育的李践老师就是这样一位典范。无论是在课堂上还是平时的工作和生活中，他始终给人希望、力量和奋斗精神。与他共事多年，我从未见过他颓废、放弃或抱怨。他总是那么积极向上，这对大多数人来说确实难能可贵。好讲师都是如此，刘海峰老师、快刀何老师、蒋桦伟老师、熊鸣老师等，无一例外。在为他们改课的过程中，无论我情绪如何激动，嗓门多大，他们总是微笑着对我说："夏老师，下一场的课程你再听，一定会更好。"

因此，要与学员共情，讲师的每一句话、每一个表现，都需要反问自己：真实吗？充满爱吗？有趣吗？激发梦想吗？能否打动学员？能否给予他们力量？

语言的魅力

相信大家都听过这样一个故事：一位失明的老人于大街上乞讨，他旁边的纸板上写着："我是个盲人，请帮帮我"。这位老人是如此凄凉，尽管身为盲人，然而过路的人却鲜少对他有所回应。在这座繁华的都市里，需要帮助的人不计其数，命运多舛的人更是随处可见，每个人都面临着各自的挑战，人们对此早已司空见惯。

这时，一位美丽的女士从老人身旁走过，她突然想起了什么，便转身回到老人面前。在众人以为她会给老人施舍之时，她竟然将老人的纸板翻转过来，在上面写下了一行字。老人在她写字时，触摸到的是一双高跟鞋，随后，这位女士便离开了。

奇迹出现了！人们路过时纷纷将硬币放在老人面前。

夜幕降临,那位女士下班再次路过此地,老人听到了那熟悉的脚步声,也摸到了那熟悉的鞋子。他好奇地问她:"你在我的纸板上写了什么?"

女士告诉他:"我写的是'这真是美好的一天,而我却看不见'。"

同样的话语,只是表达方式不同,为什么会产生如此迥异的效果呢?

扪心自问,读到这两句话,你有着怎样的感受?哪句话能触动你的心弦?哪句话能让你情难自禁?哪句话能再次点燃你那被现实冷却的同情心?毫无疑问,是后面那句话能与你产生深深的共鸣!

原因在于,"我是个盲人,请帮帮我"这句话更多是在陈述事实和道理;而"这真是美好的一天,而我却看不见"则传递了一种情感,一种对未来充满憧憬的情感,它能迅速将你带入一种美好的想象之中。

想一想,当人们正情绪激动时,哪怕对方是父母,你也许会说:"我再也不想听你说大道理了!"

这便是语言的魔力所在。为什么我们难以共情?或许是因为我们过于关注事实,过于纠结于5W3H。

全场传递事实数据很难共情

事实证明,单纯地传递事实和数据往往难以引起共情,它们就像那句"我是个盲人,请帮帮我"一样,对人们而言已司空见惯。因此,如果你的课程全程充斥着以下内容,学员很难与你共情:

全程充斥着所谓的数据堆砌;

全程充斥着所谓的事实罗列;

全程充斥着所谓的流水账式案例;

全程充斥着所谓的干货灌输;

全程充斥着所谓的方法介绍；

全程充斥着所谓的模型展示；

全程充斥着所谓的推理过程；

全程充斥着所谓的逻辑演绎。

我可以断言，学员不仅不会与你共情，反而可能引发质疑和辩论。

某东部县级政府每年都会组织企业家参加总裁班课程。有一次，他们邀请了一位擅长宏观经济的教授授课。这位教授学识渊博，全程都是关于关键数据的讲解以及基于这些数据的分析模型，不时还引用苹果、小米、亚马逊等案例。课程初期，学员颇感新奇，对这些数据和分析模型充满兴趣。然而，随着时间的推移，学员开始感到不耐烦，有的开始打瞌睡，有的则开始四处走动。突然，一位学员站起来对教授说："我不同意你对这个数据和指标的分析，我认为你的分析过于片面……"没想到教授非常认真，当场与这位学员展开辩论，结果其他学员也开始参与，场面一度非常热闹。虽然最终学员被安抚下来，但我相信这次经历对教授来说必定印象深刻。

为什么会这样呢？因为全程都是数据、模型和事实，容易让学员变得过于理性。一旦人们变得理性，就容易变得固执，钻牛角尖，甚至无事生非。

我们常常见诸于新闻报道，有受害人遭遇电信诈骗，在银行准备给骗子汇款。由于汇款金额巨大，银行工作人员往往会拒绝办理，并耐心地告知受害人："您被骗了，连对方是谁都不知道，怎能轻信汇款呢？怎么一点防范意识都没有？"

然而，有趣的是，受害人往往听不进去这些劝诫。于是，银行工作人员只得报警。警察到场后，出示了警官证，讲述了其他受害人的案例，甚至以公安的权威名义向受害人保证，但很多受害人仍旧固执己见，坚持要汇款。如果这家银行不同意，他们就换另一家银行。

　　警察也无计可施，只能联系受害人的家属。家属一到现场便是一阵埋怨："这么大的人了，怎么连这点判断力都没有？这明显是骗子啊，我们可不能上当，你看警察同志都解释得这么清楚了。"

　　然而，尽管众多人苦口婆心地劝解，第二天仍有不少受害人偷偷将钱转给了骗子。

　　这究竟是为什么呢？原因在于受害人深陷一个充满情感的故事中，无法自拔。他们不听案例、数据和事实，别人越是讲事实，他们越觉得别人是嫉妒他们，越觉得别人不理解他们。

　　一堆案例和数据不仅使人变得理性、喜欢辩论，更会让人感到疲惫。有讲师可能会反驳说，讲事实、摆道理，讲课要严谨、科学，这难道不对吗？确实，讲课要严谨，但课程不能全程都是无意义的数据和事实。我见过很多有职业操守的讲师，案例一套一套的，逻辑性也很强，数据和事实都很严谨，但总让人感觉少了点什么。想象一下，如果一个人全程都很严谨，全是事实案例，你会喜欢他吗？恐怕不会，因为这些东西太让人累了。你会说："天哪，让我休息一下吧！"神经绷得太紧就不会产生信任和喜欢。

　　学员来上课确实是为了解决问题，但他们也想找个地方放松一下。如果你让他们的脑袋累得够呛，那么全是数据、事实和模型是不会让他们与你共情的。因为这些东西无法满足共情的三大标准：有意思、有感动、有梦想。

传递感受才能和学员共情

如何才能与学员共情呢？关键在于传递感受！传递哪些感受呢：真、爱、趣、梦。真能够让人认同，爱能够让人感动，趣能够让人觉得好玩，梦能够赋予人力量。

"这真是美好的一天，而我却看不见。"这句话难道不真实吗？它让人感同身受！

"这真是美好的一天，而我却看不见。"这句话难道不充满爱吗？它让人深受感动！

"这真是美好的一天，而我却看不见。"这句话难道不有趣吗？即使看不见又如何？

"这真是美好的一天，而我却看不见。"这句话难道不充满梦想吗？老人看不见都如此期待未来，难道我们正常人不更应该对生活充满信心吗？

你看，要想实现共情，就必须向学员传达"真、爱、趣、梦"的感受。

那用什么来传达呢？

可以通过语言来传达、通过状态来传达、通过故事来传达。

每一句话都应尽量传达出"真、爱、趣、梦"的情感。

每一个状态和动作都要展现出"真、爱、趣、梦"的特质。

每一个故事都应尽量蕴含着"真、爱、趣、梦"的深意。

传递感受是一种能量，它自带神奇的魔力。

远航定位的方伟老师曾分享过一个他的亲身经历：有一次课程即将开始，他致电一位企业家确认上课事宜，不料电话被其女儿接听。女儿告诉他，父亲因心脏问题正在医院紧急抢救，无法前来，并代父向他道歉。听到这个消息，方伟老师回想起与这位企业家的

交往，不禁泪流满面。尽管挂断了电话，但他的内心久久无法平静。他深感这些企业家的不易，于是编写了一条长短信，并发送给50位不同的企业家。

令人惊奇的是，这50条短信竟然陆续得到了回复，最后一条回复甚至在深夜3点才收到，这之前从未有过。方伟老师对此感到十分不可思议，于是第二天他再次发送了同样的短信，但回复的数量明显减少。

这看似难以解释，但我们能够理解的是，这个世界是能量与能量的传递。语言、故事、状态背后都蕴含着一种能量。当我们发自内心、真情流露时，学员是能够接收到的。

2010年，行动教育组织中高管参与了为期三天的"玄奘之旅"活动，每日在严酷环境下徒步跋涉30多公里。至第三天中午时分，众人已疲惫不堪，深感体力不支。此时，导游提及前方一公里处曾有一座寺庙，玄奘大师曾在此修行，但如今已化为废墟。导游话语一落，众人虽疲惫至极，却奇迹般地重拾斗志，纷纷争先前往。抵达后，只见废墟一片，空无一物。尽管如此，我仍感受到一种难以言喻的氛围，仿佛玄奘法师就在此地，我似乎能看见他跪在佛像前，为世人祈祷，那份执着与虔诚依旧如初。

人是情感动物，传递感受能影响人的思考力和判断力，从而建立共情。

上大学时，我们班有32个男生，仅5个女生，因此这5个女生自然成为我们班的重点保护对象。然而，其中一个女生却与隔壁班的男生谈起了恋爱。这个男生在我们眼中是个典型的花心大萝卜，这是公认的事实。于是，我们轮番上阵，劝那个女生要擦亮眼睛。但结果呢？显然未能如愿。我们摆出的都是事实，而那个花心男生却擅长用感受来打动她，事实终究被感受所击败。

因此，很多女生都会感慨，谈恋爱和结婚后的感觉像是嫁给了不同的人。有一次，我太太也对我说："夏先生，你以前不是这样的呀。"我回应道："现在的我才是真实的我，谈恋爱时的我，更多是情感的投射。"确实，女生最容易失去思考力和判断力的时候，并非生孩子时，而是谈恋爱时。恋爱的感受让她们变得盲目，男生亦是如此。

有感受的故事或语言，其力量胜过千言万语。

行动教育在2013年面临了一个重大挑战，当时几位创始人因不同原因各自独立创业。这一变化带来的最大困扰在于人心的动荡。我清晰地记得，当时很多团队成员因为无法适应这种变化，忍不住抱头痛哭，这与公司多年来所培育的价值观产生了强烈的冲突，确实令人难以接受。因此，在那段时间里，团队内部人心涣散，大家都迷茫于未来的方向。

我记得，李践老师在5月组织了一次全员统一思想大会，特意选择了井冈山作为会议地点。在大会的第一天晚上，他安排大家观看了一部名为《面对巨人》的电影。观影结束后，他鼓励大家分享自己的感受。出乎意料的是，这次分享活动异常热烈，大家纷纷表示，与电影中面对的巨大挑战相比，目前所遇到的困难简直微不足道，对行动教育再次创造辉煌充满了信心。

因此，无论是课程还是日常交流，传递感受都比传递事实更为重要。唯有传递感受，才能共情。

传递感受方法论

传递感受对课程如此重要,那如何传递感受,与学员共情呢?有三大关键:

语言共情

什么样的语言能共情,能传递感受呢?我总结为语言要感叹、语言要感性、语言要感动。

语言要感叹:短句、排比、押韵。语言要感叹,老师讲课时应尽量使用短句。短句相比长句,往往更有力量,更能传递讲师的感受,尤其能传递讲师的力量。

因此,如果一句话过长,讲师应尽可能将其压缩成短句。如果难以压缩,则可以考虑将其拆分为两句,甚至三句。

让我们通过下面的例子来感受长句与短句的魅力:

"什么是好的商业课程?好的商业课程就是给予学员新的认知、观点和方法,并把新的观点和方法应用到学员工作中去,从而提升学员的工作效率。"

请先尝试读一下这个长句,体会其含义。接下来,我们将这个长句转化为短句,再读读看:

"什么是好课?好课就是换脑!换的是'新',新认知、新观点、新方法。换的是'更',更好的、更高效率的。换的是'代',清除旧认知、旧观点。"

虽然长句和短句表达的意思相近,但想象一下课程现场,哪种表达

方式更能传递你想表达的感受呢？哪种表达方式更具力量感呢？显然是短句！

语言要感叹，除了使用短句，还应尽量使用排比和押韵。关于排比和押韵的重要性，我们在第2章中已做详细解释，这里不再赘述。

语言要感性，要通过类比使理性的语言更富有情感。那么，语言如何与学员共情呢？除了运用短句、排比和押韵，还需要努力使你的语言更具感性。一旦语言变得感性，它便能轻易深入学员的潜意识，从而引发学员的共鸣。

当年，苹果公司急需新任CEO。乔布斯瞄准了当时百事可乐公司的约翰·斯考利。那时，百事可乐风头正劲，而非苹果。如果你是斯考利，你会如何抉择呢？

然而，乔布斯仅用一句话便打动了斯考利："你是想卖一辈子糖水，还是和我一起改变整个世界？"

假设你是斯考利，听到这句话你会有何感想？你或许以为乔布斯会与你谈及金钱，但他提出了"改变世界"的宏大愿景，并将你当时的工作比作"卖糖水"。斯考利的心被乔布斯的话深深触动，语言一旦感性，便能让人心动。他心潮澎湃，头脑发热，最终毫不犹豫地加入了苹果。

因此，我们的课程也应如此，确保每一句话都饱含情感。例如，"什么是好的开场？就是让学员决心改命。""什么是好的课程框架？就是传递信任。""一个好的框架，其价值胜过百名销售员。"这样的感性语言，往往能深深触动听众的心灵，与你产生共鸣，正如那个盲人乞丐的例子所示，同样的意思，但表达方式的不同，效果也截然不同。

语言要感动，感动源自细节和画面感。我曾经在央视看到刘强东的演讲，他分享了京东的跑步鸡项目。他的演讲非常成功，第二天在各大资讯平台上广为传播。我特意在京东App查看了"京东跑步鸡"的销售情况，发现它成了京东商城的爆品。

为什么刘强东的几分钟演讲能引起如此强烈的共鸣和购买力？我们来分析一下他的演讲，感受一下为什么消费者会如此感动，与刘强东产生共鸣。

刘强东讲述了中国食品安全的现状，提到很多人吃的鸡可能一辈子走路不超过3米，吃的鸭子可能从未见过河流。而京东的跑步鸡则是向贫困户发放100~150只鸡苗，要求不喂食任何饲料，因为这些贫困户买不起。于是，鸡只能自己找虫子吃。给鸡脚上戴上计步器后，每走一步就计一步，每只鸡要走6~8个月，大约100万步。当100只鸡走到100万步时，京东就按只回购，不按重量，这样农民也没有过度喂养的动机，京东则以120元一只的价格回购。

刘强东的演讲之所以能共情，是因为他通过细节和画面感打动了听众。我们很多讲师讲课时却无法共情，因为他们的讲述过于泛泛而谈，缺乏接地气的内容。今天我们特别强调讲师要"说人话"，本质上就是要贴近实际，讲述细节，让语言具有画面感。

语言的每一句话都应该尽量感叹、感性、感动，这意味着打磨课程是一个永无止境的过程。事实上，我服务的讲师经常会问我："这堂课我讲得怎么样？是不是最好的？"我总是回答他们："下一场你一定会讲得更好！"

状态共情

对于讲师而言，实际上状态相较于语言，更能传递感受，学员也更容易与讲师的状态共情。那么，如何有效地通过状态来共情呢？我将其归纳为三个要点：声音/姿势、白板、情绪。

声音/姿势。声音是传递力量的最佳武器。声音具备两个关键维度：轻重和快慢。讲师正是通过这两个维度来传递他们的感受和力量的。如果声音缺乏轻重变化，就会变得平淡无奇，这样的声音既没有力量又无法共情，学员难以持续集中注意力，容易感到困倦。更麻烦的是，学员往往难以捕捉到讲师想要强调的重点。尽管看似讲师讲了很多内容，但实际上学员并未真正接收到。声音的快慢决定了语速，而语速不应保持恒定。讲师不应像播音员那样机械地讲话，为了传递情感和强调重点，语速应快慢结合。

因此，声音需要做到轻重结合、快慢结合。如果将课程按分钟划分，每一分钟内，声音都应体现轻重和快慢的变化。这种变化不仅是传递重点和逻辑的方式，更是传递情感和力量的手段。

如果理解声音通过轻重和快慢这两个维度来传递感受，那么每位讲师都可以通过刻意练习来实现这一点。例如，可以尝试在一分钟内，对某些重点内容提高音量并放慢语速。通过不断练习，讲师会逐渐找到感觉。很多我服务过的讲师都有这样的体会：用声音传递力量和感受并不难，关键在于刻意练习并找到感觉。一旦掌握了这种技巧，就能自如地驾驭声音了。

除了声音，讲师讲课时的姿势也至关重要。姿势主要体现在手势和动作上。为了增强共情效果，手势和动作可以适当放大。有些讲师可能会担心手势和动作过大会让学员觉得做作或不真实，但实际上这种担忧是多余的。如果有这样的顾虑，建议讲师去观看一场话剧。话剧演员在舞台上的姿势往往非常夸张，但观众并不会觉得不适。然而，如果把话剧拍成视频，可能会显得有些尴尬。这就是话剧和电影的不同之处。在舞台表演中，姿势需要夸张一些，以充分展现情感。但电影则更注重动作的真实性和细腻度。

白板。白板具有诸多益处，我在《大师是怎样炼成的》一书中曾重点分享过。当一位讲师不使用PPT，而只能依赖笔和白板进行教学时，他必须将自己的重点明确地写在白板上，这样学员才能清晰地了解讲师的重点内容和逻辑结构。同时，由于只有白板而无PPT，学员的注意力自然会更加集中在讲师身上，从而更加专注并增强学习力。此外，当讲师不被允许使用PPT时，这实际上迫使他将课程内容全部熟记于心，这确实是一项挑战。但正是这项挑战，促使讲师将课程内容提炼得更加逻辑清晰和简洁明了，避免使用过于复杂的模型，因为复杂的模型不仅学员难以记忆，讲师自己也容易混淆。因此，在辅导讲师时，我尽量鼓励他们减少PPT的使用。有些讲师对此表示不解，我记得有位讲师曾问我："夏老师，现在都互联网化了，科技这么发达，为什么还要用这么传统的方式呢？"这正是因为他们还没有意识到白板的独特魅力！

实际上，白板的好处远不止前面提到的那些。白板还能有效地传递情感。为什么呢？因为写白板的过程中可以自然地控制声音。我对此深有体会，通过写白板，我可以控制声音的轻重和快慢，通常写在白板上的内容，我会用稍重一些的声音和稍慢的语速来讲解。此外，写白板还能传递力量。在写白板的过程中，讲师的姿势往往会更加夸张，动作也会更大一些，从而增强力量感。

我之所以如此强调力量感，是因为讲师的力量正是对积极、梦想、信心、勇气和能量的最好传递。

情绪。巅峰状态的形成，除了依赖于声音和白板，讲师的情绪也起着至关重要的作用。讲师必须自身充满激情，保持良好的状态。那么，学员和讲师之间是如何传递这种感受的呢？我的体会是"潜意识"！在讲师和学员之间，潜意识影响着潜意识。如果讲师的分享、感受和状态能够深入潜意识，这种感受和状态同样也会渗透到学员的潜意识中。科学研究显示，潜意识的力量远超过显意识的力量。如果讲师缺乏激情，未能进入潜意识状态，那么学员也难以产生激情，难以保持良好的状态。此时，学员将处于显意识层面，显意识往往带来抗拒、质疑和反对，使得共情变得困难。

那么，讲师应如何确保自己充满激情和具有良好的状态呢？

首先，讲师需要对课程内容烂熟于心。我通常建议讲师撰写逐字稿，虽然这看似是一个挑战，因为逐字稿完成后几乎可以形成一本书，会耗费大量精力和时间。但这样做的目的正是为了让讲师对课程内容达到超级熟练的程度。尽管课程内容需要不断更新，但不可能每次讲课都完全不同。课程应当是基于成熟的方法论和教学体系，讲师必须对其烂熟于心。

其次，讲师需要对自己充满自信。既然讲师已经在讲课，就必须深信自己的课程能够对学员产生积极影响。讲师需要对自己经过长时间研究和实践所积累的知识和经验充满自信。很多讲师之所以缺乏激情和状态，往往是因为对自己的理论和研究不够自信，换句话说，就是对自己的课程不够自信。一旦缺乏自信，即使声音再高亢，姿势再夸张，也无法掩盖内心的慌张。激情会变得外在而非内在，状态也会显得虚假而非真实。因此，讲师要对自己的课程能够解决学员的问题充满自信，因为这是你的舞台，你有绝对的掌控力，你能为学员提供最大的价值。

故事共情

共情除了用语言、状态来表达，还可以通过故事与学员共情。

故事要能够共情，关键在于以下三个重点。

自己的故事。讲师务必分享自己的亲身经历。你无须模仿马云、雷军、乔布斯或李践，你只需做真实的自己。务必讲述自己的故事，避免过度引用苹果、阿里、华为等案例。

讲述自己的故事，意味着将实践与理论相结合，即"讲我所做，做我所讲"。有些讲师虽然声称自己的方法论是基于多年的实践，但课程中的案例常是华为、阿里、小米等外部企业的例子，这样的课程缺乏说服力，难以与学员共情。

清晰的目的。故事要想引发共情，不仅要讲述自己的经历，还需具备清晰的目的。你需要明确希望通过故事传达什么信息。有些人的故事虽然动听感人，但与其要表达的主题毫无关联，导致学员陷入故事的情感中，却未能理解其背后的观点和方法论。这样的故事，尽管感人，却可能对整个课程效果产生负面影响。讲师应铭记，故事应服务于你的观点或方法论，确保学员能从中清晰地领悟你的思想。

故事的惊喜感。故事要产生共情，除了讲述自己的故事和具有清晰的目的，还需具备惊喜感。惊喜感的故事更能触动人心。有些讲师可能不经意间将精彩的故事讲述得平淡无奇。

在此，我向大家推荐许荣哲老师的《故事课》一书。这本书对如何讲好故事进行了结构化处理，我阅读后收获颇丰。书中的三种故事结构与惊喜感相得益彰，这里就不再详细展开。

故事惊喜感工具

故事共情	
开场	
中场	
收场	

本章总结

1. 好的课程演绎就是全场共情
2. 共情是课程的最高境界
3. 共情的四大标准：真、爱、趣、梦
4. 语言的魅力
5. 数据和事实很难共情
6. 传递真、爱、趣、梦的感受才能共情
7. 共情方法论
   - 语言共情
   - 状态共情
   - 故事共情

全场悬疑

第 7 章

好课像大片

重新定义课程互动

讲师要认识到这样一个事实：即使是同一个讲师，讲授同样的内容，运用同样的演绎方式，有时结果却大相径庭。

> 我曾连续两次参加同一位讲师的课程。第一次课程，人数众多，非常成功。讲师状态极佳，学员与讲师的互动频繁，我衷心祝贺他的课程取得圆满成功，他十分高兴，那晚我们还共同举杯庆祝。然而，第二次课程却令人大失所望。尽管仍然是那位讲师，讲授的内容与演绎方式也相同，但感觉像是完全不同的两堂课。现场氛围冷清，讲师明显不在状态，甚至出现了前言不搭后语的情况，这次课程显然有些失败。课程结束后，我们一同复盘，试图找出问题的根源。
>
> 第一次课程之所以成功，一方面是因为人数众多，主办方在当地颇具影响力，来的学员大多是老客户，对这位讲师也较为熟悉，因此开场时场子就很热，学员甚至主动与讲师互动，仿佛很多学员都是"托"。而第二次课程呢？原本预计有100人，但实际到场不到30人，会场又宽敞，这位讲师看到这么少的观众，情绪自然受到影响。再加上来的学员也不熟悉，与讲师缺乏互动，导致讲师越讲越吃力，越吃力就越想早点结束课程。

这就引出了一个问题：对于讲师而言，这些客观因素都是难以控制的。如果一门好课程的互动完全依赖于主办方或熟悉的学员等因素，那就真的麻烦了。

那么，什么是好的课程互动呢？如何快速让讲师和学员进入状态，让现场氛围热烈起来呢？

我的答案是全场悬疑。开场悬疑、中场悬疑、收场悬疑，都是关键。

什么是悬疑？疑，即设疑，指的是老师应主动提出疑问。悬，即悬念，指学员对答案怀有急迫的期待。因此，悬疑就是老师主动设计疑问，并与学员进行悬疑互动，使学员对答案充满好奇与期待。

通过这种方式，才能确保全场充满变化与惊喜，高潮不断，悬疑迭起，反转连连。

电影不就是这样吗？全程充满悬疑，让人欲罢不能，深陷其中，无法自拔。

同理，好的课程互动也让全场充满悬疑！

制造悬疑就是制造注意力

课程一旦超过一个小时，讲师便会遭遇学员的三大挑战：能否坐得住，能否听得住，能否跟得住。

坐得住，就是指学员能稳稳坐在凳子上，保持端正坐姿。因为他们一旦动作或坐姿不端，不仅影响他人，更可能干扰讲师，导致跟不上课程的整体逻辑和内容。对成年人而言，这无疑是巨大的挑战。有时不仅需坐满一个小时，甚至可能长达三天，特别是考虑到有些学员年龄较大，且现代人更追求自由，不愿受拘束，这无疑增加了挑战的难度。尽管课程有纪律，但无法采取强制措施。那么，如何让学员坐得住呢？答案便是像电影一样，全程充满悬疑。

听得住，就是指学员需要全神贯注地听讲，不遗漏任何一句话。然而，这同样充满挑战。研究表明，人类注意力每隔15分钟便会分散一次，

好课像大片

成年人也不例外。曾仕强老先生便持有此观点，他认为人的身心是分离的，人的灵魂每隔一段时间便会离开身体。因此，当我们在生活中分神或发呆时，便是灵魂离开的时刻。那么，如何让学员听得住呢？答案依然是全程充满悬疑。

跟得住，就是指学员能够始终跟随讲师的思维、进度和逻辑，从课程的开头到结尾都不掉队。课程和电影一样，一旦在某处没跟上，后面的内容就可能难以理解，因为课程的设计是连贯的，各个环节紧密相连。

记得有一次，我陪同一位讲师到企业进行访问，这位讲师在现场分享了一个课程中的小工具，老板和高管听后都感到非常震惊，他们认为这个小工具非常实用。临别时，老板特意向这位讲师提出，希望他在课堂上能够重点介绍这个小工具，因为它真的很好用。然而，这位讲师却感到既哭笑不得又无奈，因为他在课堂上已经详细讲解过这个小工具，还特地强调了它的重要性。但显然，这位学员并没有认真听讲，可能是思想开小差了。尽管如此，这位讲师还是委婉地表示，下次上课会再次讲解这个小工具，并邀请这位学员参加复训。

那么，如何才能让学员的思维紧紧跟随呢？答案仍然是让课程像电影一样充满悬疑，吸引学员的注意力。

无论是坐得住、听得住还是跟得住，讲师的法宝便是"悬疑"。唯有悬疑，才能吸引学员的超级注意力。现在，让我们做个试验：请问正在阅读的你，昨晚在忙些什么？

你看，只这一问，悬疑便产生了，你的注意力立刻被吸引，不由自主地开始思考。这便是人的本能反应。因此，制造悬疑便是制造注意力。

制造悬疑就是制造思考力

有了思考力，人们才会对某一事物产生浓厚的兴趣，欲罢不能，深陷其中。

在读书的过程中，我们时常会遇到难以解答的问题。每当这时，我们就会不断地思考，甚至茶饭不思，夜不能寐，连梦境中都在探寻解答之道。直到问题解决，我们的内心才会得到安宁。

德国著名化学家凯库勒在研究苯分子结构时，也曾陷入困境，进展缓慢，这让他倍感焦虑，无所适从。一日夜晚，他在书房中疲惫不堪，不知不觉间进入梦乡。在梦中，他见到旋转的碳原子，其长链如蛇般卷曲，突然，一条蛇抓住了自己的尾巴，并持续旋转。凯库勒惊醒过来，犹如触电般，从这一奇异景象中联想到苯分子的结构，并提出了苯环结构假说。

为什么深度思考会令人如此着迷，无法自拔呢？原因在于人类本性中的争强好胜。每个人都渴望证明自己，解答一个众人皆不知的难题便是最好的证明方式。争强好胜的本质在于对关注和肯定的渴望，人们期望得到他人的认可和赞赏。

因此，制造悬疑便是制造思考力。深度思考能让学员对课程产生浓厚的兴趣，欲罢不能。现在我们来做一个试验：请回忆你最难忘的一件事，或者你和先生/太太第一次约会的地方。只要提出问题，你便会开始回忆，开始思考。这便是问题激发出的思考力。

制造悬疑就是制造说服力

什么叫超级说服力？其实就是自己能够将自己说服。

人们往往难以被轻易说服，因为每个人都深信自己的观点是正确的。每个人最信赖的是自己的感觉和判断。所谓对错，其标准都是相对而言的，人性本质上是偏向自我的，外界的说教常常显得苍白无力，让人难以完全信服。我们之前提到，人的头脑就像一座坚固的堡垒，本能地拒绝任何外界的信息输入。当你与他人分享观点时，他们的本能反应往往是否定。

那么，如何说服他人呢？切记，不要直接抛出你的观点。如上所述，人们通常会本能地拒绝。那么，应该怎么做呢？最佳的方式是引导学员自己说出答案。

如何引导学员自己说出答案呢？答案就是制造悬疑！首先，通过提问的方式让大家表达不同的观点，然后引导他们"再深入思考、再想想、还有其他可能吗"。当学员充分思考后，他们的答案与标准答案相近时，你再抛出标准答案。你的答案虽与学员的答案本质上相同，但因其深度而能让学员反思：我怎么没想到这一点呢？

各位，什么是好课？讲师对此定会有不同的看法。但当我提出标准答案"换脑"时，这个答案定能触动大家的心弦。换脑难道不是讲师一直梦寐以求的吗？为什么讲师没有这样回答呢？原因在于他们可能缺乏深度思考和研究，或者认为这并非必要。而我则是十年磨一剑，十多年都在专注于这一件事情。

第 7 章 全场悬疑

全场悬疑的两大标准

全场悬疑难不难呢？当然难！一次性的悬疑设置或许不难，但要做到全场悬疑则相当有难度。课程全场悬疑的成功关键在于两大标准：从头问到尾，从头应到尾。

从头问到尾

如何实现全场悬疑？唯有从头问到尾！这意味着整场课程应由问题贯穿始终。

为什么需要从头问到尾？因为一旦停止提问，学员的注意力就会分散，思考力就会减弱，进而削弱了说服力。

从头问到尾的难度体现在哪里呢？主要有两点：不敢问，不会问。

不敢问。讲师在尝试从头问到尾时，首先需要克服的是不敢问的心理障碍。有些讲师站在台上因担心学员不参与导致场面尴尬，或者怕学员不配合甚至发生冲突而不敢提问。

讲师应当坚定信念，站在台上的你，是全场的焦点，手握话筒，就拥有了话语权。作为课程的掌控者，你是场上的主人，学员与你发生冲突的风险远高于你。更何况，你只是提出问题，他们有何理由与你发生冲突呢？

还有些讲师由于缺乏技巧，在提问时产生了心理障碍。

我曾指导过一位互动能力较弱的讲师，他总是不敢提问。我多次强调互动的重要性，但他每次提问后，不到三秒钟就自行回答，仿佛在与学员抢答。这样的做法让学员更不愿参与互动。课程结束

后，我问他为什么自问自答。他解释道："看到没人回答，我心里着急，怕场面冷下来，所以就自己回答了。"实际上，这完全是他心理因素在作祟。三秒钟对于他来说似乎很长，但很多学员可能还在思考中。这种提问方式的效果适得其反。

记住，你拥有话语权，提问后无人回答，尴尬的并不是你，而是台下的学员。你要学会与学员比耐心，谁更能忍受尴尬。有句俗话说得好："只要你不尴尬，尴尬的就是别人。"

不会问。很多讲师在台上提问时不得要领，不会问，要么让学员感到困惑，要么学员只以简单的"是"或"对"作答。这往往是因为讲师备课不充分，准备不足。

学员为什么会感到困惑？可能是因为他们不清楚讲师想要问什么，或者问题与主题毫不相干，让人感到莫名其妙。例如，我曾在成都听课时遇到过一位讲师，他一开场就谈及对成都的喜爱和游览计划。接着，他询问学员："你们知道成都哪里最好玩吗？我想知道呼声最高的是什么？"他本意是想通过互动拉近与学员的关系，但学员感到困惑，甚至尴尬，不知该如何回应。

很多讲师在课程开始前还会问："你们想通过这次课程学到什么？"然后让学员一一回答。这种做法既浪费时间，又让学员不愿参与。学员来学习是冲着课程主题来的，无须在此类问题上浪费时间。更麻烦的是，即使讲师收集了学员的学习期望，也可能因课程设计的限制而无法满足所有需求，这实际上是对学员的不负责任。

此外，讲师还应避免提出"封闭式问题"。例如："你们今天吃了吗？"这类问题只能得到"吃了"或"没吃"的简单回答，毫无互动价值，也无法激发学员的思考。学员甚至可能因觉得问题过于幼稚而不愿回答。

因此，讲师无法做到从头问到尾的原因在于不敢问和不会问。事实证明，如果没有精心设计和准备问题，就难以营造悬疑氛围。

从头应到尾

保持课程全程悬疑，一个重要的标准是"从头应到尾"，即学员始终与讲师保持互动，不断地对讲师的问题做出回应。这样的课程全程是由讲师的提问和学员的应答构成的。学员的回应表明课程不是讲师一人的独角戏，真正的互动才能维持悬疑性。如果学员不回应，那么课程就失去了互动性，悬疑性也就无法持续。

要让学员不断地与讲师互动回应难不难呢？当然难，这里有两个主要难点，特别考验讲师的互动能力和控场能力。

互动能力。学员是否喜欢互动？这个问题实际上很难回答。一方面，人性喜欢挑战、争强好胜、表现自己；但另一方面，人们又追求安全感、无压力，不互动就不会有压力，不互动就不会犯错。因此，人们既想互动，又害怕互动。如何调动和激发学员的互动能力是讲师面临的最大挑战，让学员参与互动对讲师来说至关重要。

我和一位讲师曾为武汉的一家商学合作机构进行培训。可能因为疫情的影响，我明显感觉到这家机构的文化氛围和员工状态存在问题，他们参加培训似乎是被老板逼迫的。在培训过程中，这位讲师提出了一个问题，由于没有人回答，她主动点名了一位学员。没想到这位学员直接反驳："你为什么要问我？你问我干什么？别问我，我来问你一个问题……"

当然，这位讲师现场处理得很好，但如果互动能力不足，就可能导致冷场或引起哄笑。实际上，在这个过程中，其他学员都在观望。

为什么会这样呢？还是没有对课程进行充分的策划。提问、互动乃至给出的答案都需要精心策划。从头应到尾的背后，意味着讲师提出的任何问题，讲师的答案都是事先准备好的，讲师如何引导学员也是事先考虑好的。每次互动都应该像一场战争，绝不打无准备之仗。

一旦答案没有准备好，讲师在总结时可能会长篇大论、离题万里，让学员感到困惑，最终学员可能会质疑并逐渐放弃互动。

例如，什么是好课？如果我的回答是长篇大论的，那就麻烦了。而我早就准备好了简洁的答案："好课就是换脑。"这样的回答简洁明了，一目了然，无须过多解释。这样的互动就会轻松自如，逐渐形成节奏感。

控场能力。从头应到尾，还意味着讲师需要具备出色的控场能力。

当大家普遍缺乏互动意愿时，这便是对讲师内心强大程度的考验。讲师需要迅速点燃现场氛围，精准辨别出哪些学员积极主动，哪些则冷眼旁观。对于积极的学员，讲师应以目光不断鼓励他们，让这星星之火迅速蔓延，这便是讲师控场能力的体现。

同时，互动必须让学员感到有趣且有价值。如果学员感觉在互动过程中无法获得滋养，他们便会失去兴趣。这便考验了讲师与学员的对话能力，确保学员在互动中感受到收获和价值。

然而，当大家都渴望互动时，也可能带来麻烦。因为众多学员希望参与，可能导致争执和冲突，甚至让学员觉得讲师偏心或不公平。一旦产生这种情绪，学员可能变得冷漠甚至具有破坏性。因此，讲师必须具备强大的控场能力，以应对各种情况。

切勿成功学式互动

如何让课堂的氛围变得更好呢？早年"成功学"确实在此方面有所实践，但我强烈建议讲师摒弃其方法。尽管我个人并不十分反感"成功学"，甚至认为它在特定时期对培训行业乃至中国经济有着显著贡献。《企业家》杂志曾就此采访我，我并不避讳"成功学"在培训行业兴起初期的积极作用，我在1999年大学毕业时也曾受其影响，且那时它对我而言是积极的。

中国经济自20世纪90年代起高速发展，机遇遍地，需要人们解放思想，敢于冒险。当年万达集团的王健林曾说："清华北大，不如胆大。"那时确为全民创富的佳期，国家鼓励体制内干部下海，也淘汰了一批经济效益不佳的国企，导致大量工人下岗。此时，国家急需凝聚社会共识，解放思想，从计划经济向市场经济大步迈进。但当时人们的思想尚显僵化，多数不愿冒险，偏好稳定工作。因此，"成功学"在某种意义上对推动下岗人员创业、理解市场经济及追求财富起到了积极作用。它是特定时代的产物。

然而，随着中国经济的发展，创业与企业经营变得更加科学化，"成功学"开始不适应市场需求。部分年轻人和企业家因受其影响而好高骛远，导致决策失误。同时，一些培训机构滥用"成功学"作为敛财手段。如今，"成功学"已遭人唾弃。

因此，讲师必须正视现实，很多"成功学式互动"已被标签化并被主流社会放大。讲师必须与"成功学式互动"划清界限，因为学员对此类互动极为敏感。即便内容再好，只要与"成功学"挂钩，也会受到负面影响。更糟糕的是，这些学员还可能四处传播，称讲师讲授"成功学"，这将带来麻烦。

所以，我建议讲师避免"成功学式互动"，这类互动常显夸张，令人不悦。那么，哪些"成功学式互动"应当避免呢？

- 不断催促此处应有掌声。
- 频繁说"听懂了吗？掌声！"
- 要求听懂的人举手，且手势要高且直。
- 对于认同的内容，要求确认并配合手势说"yes"。
- 邀请愿意与你成为朋友的人上台，并随后强行推销。
- 不断重复询问："觉得我讲得对吗？请举手！"
- 每讲几句就插入"是不是、好不好、对不对、同意不同意"等询问。
- 讲师讲话时，频繁播放激情音乐。
- 讲师过于夸张地鼓掌。
- 上台时有保镖陪同，并与人击掌。
- ……

还有一种互动方式被称为"段子手式互动"，我个人对此也持保留态度。

记得有一次我参加一位讲师的课程，这位讲师在一整天的课程中居然演唱了三首歌。他讲着讲着就情绪高涨，随后便为学员献上了一首歌曲，唱得也确实不错。在他唱第一首歌时，我还觉得挺新鲜的；唱第二首时，我也并未觉得有何不妥。但当他唱到第三首时，我便感到十分不适。学员来此是为了学习的，并非来欣赏歌唱

表演。如果他们想听唱歌，大可去演唱会，无须来到课程现场。这位讲师似乎并未意识到这一点，还笑着说："我的课程是最特别的，是商业课程中唯一唱歌的。"我不知道这位讲师现在是否还能笑得如此开心，因为我已经多年未听闻他的消息了。

因此，如果讲师将唱歌、讲笑话当作互动手段，这其实是相当不妥的。即便讲的笑话再有趣，也终究无法与专业的相声演员相提并论；而再多的笑话也只能带来短暂的欢愉，无法留下深刻的印象。

悬疑式互动实现轻松掌控全场

究竟如何互动呢？答案就是悬疑式互动。它能确保从头问到尾，从头应到尾，讲师也能轻松掌握这套方法论，因为其底层逻辑是行动学习法。这套方法论源于西方，基于解决问题的教练技术。行动教育和我辅导的讲师基本运用这套方法论，实现对课程现场的自如掌控。

悬疑式互动，如果高度概括，便是三句话："一切问当先，用问解万难，先问后总结。"这三句话正是悬疑式互动的精髓。

"一切问当先"，指的是互动始终从提问开始，避免过早抛出个人观点或方法论。通过提问关键问题，激发学员思考，讲师借此深入了解学员的思考，进而更好地完善课程。这里的提问必须是开放式问题，这样才能实现有效互动。

"用问解万难"，指的是在互动过程中，遇到冷场或学员不互动的情况时，应通过提问来调动学员参与，用"问"来与学员对话、控场、应对突发事件甚至学员的挑战。简而言之，用提问解决各种难题。

"先问后总结"，指的是在学员充分分享观点后，讲师对学员的观点进行总结，并随后提出自己的观点和方法论。

以我的"大片课"为例，开场时我如何进行互动呢？

一切问当先："欢迎大家来到我的'换脑大片课'。我知道各位老师都很忙，那么为什么要花费时间、精力、金钱来学习呢？各位老师一定希望制作一堂好课，为学员创造更大价值。那么，我想请问各位老师，你们认为什么样的课是好课呢？"

用问解万难：如果现场出现沉默，我会继续提问："各位老师，请大家思考一下，什么是一堂好课呢？如果我们连好课的标准都不清楚，又怎能制作出一堂好课呢？真的很期待听到各位老师的想法。"

先问后总结："非常好，有几位老师已经分享了他们对于好课的看法，有的老师认为解决问题是关键，有的老师强调知识输出，还有的老师提到课程的销售情况和转介绍率等。这些确实都是好课的要素。那么，各位老师，你们想过没有，一年能卖出一个亿的课程，它的秘诀是什么呢？答案就是两个字：换脑！"

采用这样的互动方式，是不是比"成功学式互动"更高级、更直接地切入主题呢？场子是不是也迅速热起来了？而且，这种方式相比单调的讲述，无疑更为轻松有趣。这便是悬疑式互动的魅力所在。其底层逻辑源自行动学习法，而行动学习法的核心便是解决问题。只要我们将焦点放在解决问题上，就符合人性，也符合商业的本质，这样的方法必定有效。而这套方法论并不复杂，只要讲师愿意学习和尝试，便能够轻松掌握。

全场悬疑方法论

接下来，我将详细拆解悬疑方法论，讲解如何将悬疑巧妙地融入整个课程之中。我总结下来，其实主要涉及三个核心动作：

悬疑提问

悬疑提问，就是在一节90分钟的课程中，究竟应该提出哪些问题？能否将这些问题标准化呢？根据我的实践经验，答案是肯定的。在我个人为期两天的课程中，每节课90分钟，我都是按照标准化问题进行提问的。

实际上，一节课完全可以由8个问题组成，并且必须回答这8个问题。如果在一节90分钟的课程中，学员不回答或回答不了这8个问题，那么这堂课就存在问题，可能是内容散乱，或者无法深入引导学员思考。

那么，这8个问题是什么呢？

（1）我们这节课要解决什么问题？

（2）这个问题对学员来说是否重要？

（3）在解决这个问题时，我们面临的卡点在哪里？

（4）为什么我们始终无法有效解决这个问题，目前存在哪些障碍？

（5）如果我们维持现状，不解决这个问题，会带来什么后果？其背后的深层次原因又是什么？

（6）解决这个问题的思路是什么？

（7）按照这样的思路解决问题，对学员有什么好处？背后的原因是什么？

（8）那么，具体的解决方案或操作步骤是什么？

这8个问题至关重要，讲师应深入理解。因为它们不仅是实际解决问题的核心流程，也是课程教学的精髓。如果课程的目标是解决问题，那么每节课都应围绕这8个问题进行，这也是作为教练的核心工具，体现了行动学习的本质。

实际上，前三个问题主要是定义问题，与学员达成共识，明确我们要解决的问题、其重要性和主要卡点。

定义问题并达成共识之后，接下来便是分析问题。第4到第7个问题正是在对问题进行分析。那么，我们在实际解决问题时是如何进行问题分析的呢？简单来说，就是分析现状和标杆。分析现状，就是要明确我们到底哪里做错了，以及这样做导致的后果和原因。而分析标杆，则是研究最佳实践的观点及其底层逻辑，探究他们做对了什么，以及这样做的好处和原因。

最后，第8个问题则是关于如何解决问题的具体操作。

简而言之，一门课程就是由这8个问题构成的，大约每10分钟抛出一个问题，这样的互动频率能带来最佳的教学效果。有些讲师曾向我咨询，不知道应该问什么问题。这实际上是因为他们没有把握课程的本质。实际上，提问是最简单的事情。

我的"大片课"第一节课90分钟，内容就是由这8个问题构成的，我就是利用这8个问题与学员进行互动的。

（1）什么是好课？（我会重点围绕"换脑"这两个字展开讨论。）

（2）为什么要换脑？

（3）换脑的难度如何？卡点在哪里？

（4）市场上的课程为什么无法做到换脑？目前的情况是怎样的？

（5）这样做的后果是什么？原因是什么？

（6）换脑有哪些成功的最佳实践？它们做对了哪些事情？

（7）这样做的好处是什么？原因是什么？

（8）到底该如何制作一堂好课呢？具体的方法和动作是什么？

我就是利用这8个问题与全场学员进行互动的。有位讲师曾对我说："夏老师，你的课程互动真的做得很好。你上课时既不需要主持人，也不需要分组、建团队、选队长，更不需要喊口号或进行PK活动。但你全程都能与学员保持互动，大家的注意力都集中在你身上。你的秘诀是什么呢？"其实，这8个问题就是我的秘诀。这8个问题真的很难吗？有哪位讲师做不到呢？我认为每位讲师都有能力做到！

悬疑互动

问出好问题，互动就成功了一半。然而，学员是否愿意回应呢？如果只是讲师单方面提问，而学员不给予反馈，即使他们在思考，效果也会大打折扣。讲师就像在唱独角戏，真正的互动难以实现，课程氛围自然会受到影响。

因此，在提出问题后，如何激发学员的参与，与讲师形成有效互动，这考验着讲师的调动能力、互动能力、对话能力、应对能力和控场能力。

那么，如何确保与学员的互动呢？如何使提出的问题既能引起学员的兴趣，又能得到他们的回应呢？实际上，有两种方法可供参考：直接问和PK问。这两种方法我都曾采用。直接问可以节省时间，但这对讲师的熟练度要求较高；而PK问虽然会耗费更多时间，但其简单且效果有保障。

直接互动。直接互动，就是讲师直接与学员进行交流，提出问题。通常有三种对象可作为直接互动的目标。

全班互动，即讲师面向全班所有同学提出问题，不特指某一学员，任何愿意回答的学员均可参与。

小组互动，即讲师将问题定向抛给某一特定小组，例如："这个问题我想请第一组回答。"这样，仅第一组的学员会进行回应。

个人互动，即讲师将问题直接针对某一特定学员，例如："这个问题我想请张三同学回答。"

那么，在进行直接互动时，需要注意哪些事项和技巧呢？

重复提问。当提出问题后，考虑到有些学员可能正在思考或未听清问题，讲师可以重复提问，有时甚至可以重复三次以上以确保学员理解。

保持镇定。在提出问题并等待学员回答时，可能会遇到无人回应的尴尬场面。此时，讲师应保持镇定，切勿因此中断互动，因为一旦中断，后续的互动也可能受到影响。记住，只要讲师保持从容，尴尬感往往来自学员。在提问后的沉默中，感受到最大压力的往往是学员，讲师可以通过保持沉默给予学员一定的压力。

展现自信。在互动过程中，讲师应展现出高度的自信，敢于与学员进行眼神交流。

善于引导。当希望获得更多不同答案或更多学员参与时，讲师可以通过引导来实现，例如不断询问："还有吗？""还不够吗？""再想想看。"

在互动中，应避免与学员抢答。如果学员的发言过长，讲师可以礼貌地打断，例如："再给你一分钟来阐述你的观点。""请用一句话总结你的看法。"

虽然大部分学员的互动是积极的，但讲师有时也会遇到挑战，甚至是恶意挑战。对此，我建议讲师使用"转移焦点"这一策略。

当你正在授课或互动时，突然有学员打断你，站起来说："老师，你讲的是错的。"或者，有时学员会突然提出一个你难以回答的问题，并逼你作答。更有甚者，有些学员会故意让你难堪，使你无法下台。面对这些情况，你应该如何应对呢？其实，你有一个有效的策略：转移焦点。

A：将焦点转移到提问的学员身上。这时，你可以反问他："你为什么要问这个问题呢？你的目的是什么？"通过这样的问题，让他意识到在这种场合提出此类问题并不合适，促使他进行反思。

B：将焦点转移到其他学员身上。你可以说："这位同学提出的问题很有深度，你们对此有何看法呢？"接着，你可以将问题抛给更多的学员，让他们发表自己的观点。我见证过很多课程，发现通常支持讲师的学员占多数，他们能够识别出哪些提问是带有恶意的，并愿意帮助讲师。有时，你也可以直接将棘手的问题抛给你非常认可的学员，例如："张三同学，这位同学的问题提得很好，你能否分享一下你的看法呢？"

C：将焦点转移到课后。你可以直接对学员说："你的问题提得很有价值，我会认真思考，我们课后可以深入交流一下，好吗？"

PK互动。PK互动与直接互动迥然不同，其核心在于通过建立PK机制，调动学员和讲师之间的互动积极性。具体应如何操作呢？

首先，分小组。在正式上课前，将全班同学划分为数个小组，每组人数通常在6~10人之间。

其次，建组织。每个小组需要选举组长和发言人，并明确他们的职责。此外，小组还可以自行制定口号，进行团队建设活动，以培养小组成员的荣誉感和归属感。

接着，定规则。分组的目的在于进行PK，因此需要确立PK规则，例如积极回答问题可获得积分。

然后，设奖励。胜出的小组应获得奖励，如讲师的著作或其他小礼品。

> 我在行动教育期间，曾参与过一个类似产品的研发，该产品名为"知行合E"。我与李践老师在此项目上倾注了大量心血，最终该产品成为我们服务客户的得力工具。知行合E正是通过PK问答的方式，结合特定的规则，使得普通员工在经过认证后，能够迅速转型为企业的好教练、好讲师。结合导师的视频教学和8个关键问题，员工便能在企业内部完成一场高效的内部培训，其效果与专业讲师相比毫不逊色。

悬疑反转

讲师提出问题，学员进行回应，最终需要达到悬疑反转的效果。为什么强调"反转"二字？原因在于，我们不仅要对学员的回答进行总结，更要为他们提供出人意料且令人过瘾的答案。

什么样的答案能产生这样的效果？答案必须得到学员的高度认同，符合他们的期待，但思考的深度应超越他们，因为讲师每天都在思考和研究。

因此，悬疑反转包含以下三个具体动作：

总结。讲师需要对学员的各种回答进行归纳和总结，使学员了解他们的思考现状。

反转。讲师需要抛出自己的答案，该答案应高度概括，语言简洁且能引发共鸣。这个答案必须得到学员的高度认同，符合他们的期望，但思考的深度要超越他们。

> 什么是好课？好课就是换脑。
>
> 好课的卡点在哪里？要过三关：讲不同、讲深刻、讲一招。

在反转时，切忌拖沓，答案应经过精心设计，而非临时拼凑。有些讲师在表达观点时，废话过多，导致学员听得一头雾水，不知道讲师的核心观点是什么，这非常不可取。

我曾参加过一个讲战略的讲师课程，他提出了什么是战略的问题。但在总结时，他讲了半天，学员仍不清楚战略的定义。最后，他居然与学员互动，问他们是否明白战略。结果，学员齐声回答"不明白"，并哄堂大笑。这位讲师显然感到尴尬，再次尝试解释，但仍未讲清，我相信他自己也感到困惑。

AB搭档分享。有时，为了加深学员对内容的理解，课程结束时要求学员进行AB搭档分享，这也被称为"扎口袋"。通过AB搭档分享，学员将内容转化为自己的理解，此过程将互动推向高潮，学员的讨论往往最为激烈，因为他们不仅分享了自己的观点，还获得了新的感悟。

在我的"大片课"上，每次课程结束前，我都会要求学员进行AB搭档分享。这是全场分享最为热烈的时刻。我手持话筒在讲台上反复提醒学员时间已到，分享结束，请保持安静。但学员仍沉浸在分享中，我需要花费较长时间才能将他们的注意力拉回现实，这就是AB搭档分享的魅力。

当然，AB搭档分享的有效性依赖于整个互动过程的连贯性。如果互动环节未能紧密相扣，那么后续的高潮也就无从谈起。

悬疑工具

		从头问到尾　用问解万难
塑造挑战	定义 塑造 挖痛	
制造冲突	抛出 攻击 对比 塑造	
促使行动	案例引导 提炼绝招	

本章总结

1. 互动的最高境界：全场悬疑

2. 制造悬疑就是制造注意力

3. 制造悬疑就是制造思考力

4. 制造悬疑就是制造说服力

5. 全场悬疑的两大标准：从头问到尾，从头应到尾

6. 切勿成功学式互动

7. 悬疑式互动轻松掌控全场

8. 悬疑式互动方法论

    - 悬疑提问

    - 悬疑互动

    - 悬疑反转

后记

这本书在电子工业出版社老师的一再催促下终于完成了。原本我还计划撰写第8章"好课销售",探讨如何将一堂商业课程销售额提升至亿元级。这一章将总结我多年成功实践经验,介绍一套课程销售的方法论:钉子营销。顾名思义,这套方法论教讲师如何在课程中"打钉子",实现不销而销。讲师不应疯狂推销、过度承诺或过度广告,因为这种销售理念不适合讲师这一特殊身份。多年的实践告诉我们,无论推销技巧多么高超,直接向学员推销课程都会损害讲师的威信和专家形象,虽然可能会成交几个学员,但同时可能会伤害更多学员。那么,如何在不损害威信和专家形象的前提下,成功销售课程呢?答案就在于钉子营销,通过定义价值、承诺价值、传播价值三个步骤实现不销而销。这三个步骤实际上也是现代营销的本质。作为市场经济的一部分,商业课程应回归商业本质。

我太太强烈反对将这一篇章纳入这本书中。她认为这本书不应仅面向商业讲师,还应面向更多的人力资源专业人士、企业培训师以及企业家。尽管他们未来可能需要将内部课程商业化,但这一章对他们而言可能并不适宜,甚至可能因立场和理解的差异而引起反感。最终,我接受了她的建议。如果商业讲师对"钉子营销"感兴趣,可以参加我的线下课程"夏晋宇大片课"进行深入研讨。

那么,我还有什么想要分享的吗?

当然有。

如果读者觉得前面的内容过于繁杂，希望更简单地理解如何制作一堂好课，接下来我将尝试用更简洁的语言与你沟通。

究竟什么是好课？

简而言之，就是四个字：解决问题。

解决问题实际上包含两部分：解决方案和挑战。在开课前，你需要明确解决方案和挑战。如果你不清楚自己的解决方案是什么，也不知道要解决什么问题（挑战），那么你在讲授什么呢？

为什么我们说课程的核心是解决问题？因为解决问题是人性。我们每天都在面对并解决问题。成年人的生活不是由知识和概念构成的，而是由一系列待解决的问题构成的。解决问题是我们的天性，是我们的基因。围绕解决问题的课程正迎合了人类的天性。

解决问题不仅是人性，也是商业规律。今天之所以能诞生伟大的公司，是因为它们解决了人类的问题。

解决问题更是衡量一个人能力和价值的标准。判断一个人是否有价值、有能力，关键在于他解决问题的能力。

近年来，培训市场并不乐观。有时，我对这个行业也会感到悲观。有一次，我和讲授"屏蔽竞争"的快刀何老师喝茶时，表达了对教育培训行业的担忧。没想到他当场反驳我："夏老师，你不是说课程就是解决问题吗？难道今天的企业和未来的企业没有问题吗？只要企业有问题，我们的培训市场就会变得更好！"

我立刻端正态度，快刀何老师说得对。为什么培训市场不景气？正是因为真正解决问题的课程太少。我们没有为中国经济发展做出贡献。

因此，很多讲师在与我合作前都会问我："夏老师，你对我有信心吗？"我总是回答："我对你是否有信心并不重要，关键是你对解决问题有没有信心。"

后记

还有的讲师会说："夏老师，你的这套技术太复杂、太难了，只适合高端讲师，只适合公开课。"我总是回答："难道普通讲师就不解决问题吗？难道内训课就不解决问题吗？"

将课程聚焦于解决问题的挑战主要体现在哪些方面呢？

问题思维

讲师必须将焦点集中在问题上。讲师往往掌握了很多解决方案，却不清楚要解决什么问题。这就像手头有一堆药物却不知治疗何种疾病，手持枪械却不知该瞄准何处。

缺乏问题思维会导致陷入思维定式，对过去的思考方式形成习惯和路径依赖。最终，焦点可能会集中在自己身上，讲师可能会陷入一个死循环：我只想推销自己的解决方案，并不关心客户真正想要什么、想听什么，我只想讲授我知道的、我认为重要的。

然而，你推销的所谓模型、组织、品牌、战略、年度计划等，这些创造的概念、名词或模型，客户可能并不关注。客户真正关注的是你究竟要解决什么问题。客户心中一直在追问：你究竟解决了什么问题？这个问题我是否关心？你真的能解决这个问题吗？你是如何解决的？有没有成功案例？

也就是说，即使你的解决方案再出色，其价值也在于它所解决的问题。因此，讲师自己想讲的内容永远不如客户关心的问题重要。始终要确保自己正在解决的是客户非常关注的问题。

终点思维

这意味着不仅要关注问题，还要以问题来重塑解决方案，这就是终点思维。找到问题并不意味着结束，还需要重塑解决方案。因为原有的解决方案可能与终点问题不匹配、不聚焦、不清晰、不深入。过去的解决方案是基于个人实践的总结，而现在需要基于终点问题，结合实践，重新塑造解决方案。先有问题，再有解决方案！

但很多时候，讲师的出色模型与要解决的问题之间缺乏直接联系，是割裂的、独立的，不是一个完整的故事。也许问题本身很吸引人，但解决方案却显得平庸，就像挂羊头卖狗肉，名不副实。

这时，讲师需要用终点问题来重塑自己的模型。例如，不要一提到组织设计，就立刻想到职能制、事业部制、区域制等老生常谈的概念。学员对此并不感兴趣。你应该思考组织设计究竟要解决什么问题，然后考虑组织应如何匹配。要跳出原有的解决方案，避免陷入过去的惯性思维，走出过去的舒适区，始终确保问题与解决方案一致。

本质思维

要取一舍九，抓住核心，一招制敌！这对讲师来说是一个巨大的挑战。很多讲师掌握了多种技能，创造了很多出色的模型，但关键在于抓住问题的核心，抓住要害，抓住本质。

这也是我不建议讲师使用"是什么、为什么、怎么做"作为课程核心的原因。这种方法容易让讲师陷入灌输知识的思维模式，即所谓的纪录片授课。例如，如果你要讲解品牌，你可能会这样讲："品牌是什么：1……2……3……；为什么要做品牌：1……2……3……；怎么做品牌：1……2……3……。"这样的讲解会让你陷入知识的海洋，看似围绕品牌这一主题，实际上却讲述了很多零散的故事。你应该首先问自己，品牌最核心的一个问题是什么。

因此，好课的核心在于聚焦解决问题。如果将解决问题的过程拆分，那就是三部曲：

（1）定义问题。

（2）分析问题。

（3）解决问题。

定义问题就是找到痛点，这是课程开场就需要塑造的。只有塑造挑战才能让学员决心改命。这也是一种营销思维，从一开始就挖掘学员的需求。

分析问题就是分析现状和标杆，现状是错点（做错了），标杆是盲点

后记

（没看见）。这是课程中场挑战现状需要解决的，要推翻现状，然后成为现状。这同样是一种营销思维，要让学员做出选择，选择你而不是竞争对手。

解决问题就是剖析要点。这是课程结束时要解决的，要确保学员理解要点，并将其落到实处，从而促使学员行动。这也是一种营销思维，是最后的临门一脚。

从这个意义上说，将课程聚焦于解决问题，就是让课程天生具备营销思维。虽然本书没有系统论述如何将课程用于营销，但从大片课程的结构来看，整个过程就是在进行营销，潜移默化地聚焦于客户价值。

这就是我撰写后记的初衷。作为一名自2006年便踏入教育培训行业的老兵，我既见证了行业的辉煌时刻，也经历了行业的严峻挑战。

这个行业之所以始终难以获得主流市场的认可，根源在于需求端和供给端的不成熟。供给端的培训师水平参差不齐，优秀课程稀缺，缺乏统一的行业或国家标准，导致任何敢于上台的讲师都各展所长，而台下的培训课程品质和效果往往难以得到保障，最终导致优秀人才不愿加入。需求端同样不成熟，课前盲目崇拜知名企业或热门IP，课中期待过高，课后寻求立竿见影的效果，从一开始就走错了方向。

我曾对这个行业感到迷茫和失望。作为一名自诩的读书人，我对讲师这一职业有着无限的憧憬和期待。但当目睹太多讲师言行不一、价值观混乱时，我确实考虑过离开。我告诉自己，既然无法改变这个行业，那就离开它。

但这样的想法是错误的，我也为此付出了代价。每个行业都有其不完美之处，我们不能因为不完美就选择逃避，关键在于我们能做些什么。既然未来的趋势必将属于那些不仅会讲还会解决实际问题的讲师，我的使命和责任不就是去寻找这些讲师吗？这难道不是我18年来专注于研究磨课技术的责任吗？

近年来，我也遇到了很多像我过去一样对培训行业极度悲观失望的讲师和企业家。有一次，我遇到了一位曾经在战略咨询领域叱咤风云的老前

好课像大片

辈,他现在转行做投资。他极端地认为培训和咨询行业没有价值。我反问他:那么产投行业有价值吗?他回答说有,他和很多老同事之所以转投产投,是因为产投有价值,而培训咨询没有。我继续追问他如何进行投资,如何确保投资人的收益并防范风险。他说投资是一门学问,有规律可循,他们用经营企业的逻辑来选择投资标的。我继续问他,如果经营企业有规律可循,那么是否有些企业家尚未掌握这些规律,需要咨询呢?他沉思后承认,咨询或许有些价值,但培训肯定没有。我再问他,既然经营企业有规律,能否将其提炼出来与更多企业高管分享?

最终,我们都沉默了,心情沉重。我理解这位老前辈的失望,正是因为他对培训咨询领域曾有深厚的感情。正因为如此,培训行业更需要大师。虽然"大师"这个词近年来变得敏感,但我们的社会、我们的行业难道不需要大师吗?所谓大师,是那些信奉长期主义、立志磨一剑数十年、实践所讲、研究并解决领域新挑战、始终对自己有更高标准的人。

在这个意义上,每个人都可以成为大师。只要你有远大的志向,在任何领域成为典范,你就是大师。中国经济的发展需要更多这样的大师。正如我在第一本书中所写,每个人的一生中都应该有两个工程:一本书和一堂大片课。

但这条路注定是充满孤独和坚忍的。长期主义是反人性的,但它是客观规律。难就难在这里:每个人都要活出精彩,都要疯狂创造价值,始终做正确而困难的事。

我期待更多的讲师能胸怀大志,怀有使命和责任,不断迭代自己的理论,真正为学员解决问题,为客户创造价值。在中国经济高速发展的每一个关键时期,培训行业都在承担着解放思想、推广最佳实践、推动社会创新的使命。每一位好讲师都应有这份使命和责任。只有这样,你才能真正理解、敬畏、认可并深耕培训行业。

最后,祝愿每一位讲师都能拥有一堂属于自己的大片课!

夏晋宇大片课
一门课一个亿的方法论

一、课程大纲

（一）大片定位
找到钉子
大师论出发
大竞争出发
大痛点出发

（二）大片框架
传递信任
一脉相承
一剑封喉
一首诗词

（三）大片开场
决心改命
要去哪
好在哪
难在哪

（四）大片中场
挑战现状
锁定现状
打倒现状
成为现状

（五）大片收场
促使行动
一招制胜
一招精通
一招落地

（六）大片共情
懂你爱你
故事共情
语言共情
状态共情

（七）大片悬疑
跌宕起伏
悬疑提问
悬疑互动
悬疑反转

（八）大片销售
卖一个亿
磨钉子
卖钉子
打钉子

二、课程价值

- 掌握一套打造爆款课程的实操方法论
- 成为超级IP，成就超级影响力
- 穿透行业上下游，构建行业商学院
- 实现个人知识的进化与传承

三、授课对象

- 渴望打造课程销售过亿的名师
- 有志成为一代名师的企业家和高管

四、授课老师：夏晋宇

五、他们都在学习《夏晋宇大片课》

博商管理	大脑营行	金财控股	大成方略	昆仑定位	中旭商学
量子教育	时代华商	伯乐商学	一书一课	磨学院	凯洛格咨询
爱问咨询	沃盟经纪	北清经管	革兴咨询	界一咨询	德鲁克学院
汇成医美	美美咨询	和君咨询	汇成医美	中智盛道	安越财务
汉源餐饮	时代光华	国财集团	腾讯学院	商界联合	双童商学院
百仕瑞	仁脉教育	合肥工业大学	新商界全国高校联盟

六、联系方式

夏晋宇大片课微信号　　　　夏晋宇大片课服务号

反侵权盗版声明

电子工业出版社依法对本作品享有专有出版权。任何未经权利人书面许可，复制、销售或通过信息网络传播本作品的行为；歪曲、篡改、剽窃本作品的行为，均违反《中华人民共和国著作权法》，其行为人应承担相应的民事责任和行政责任，构成犯罪的，将被依法追究刑事责任。

为了维护市场秩序，保护权利人的合法权益，我社将依法查处和打击侵权盗版的单位和个人。欢迎社会各界人士积极举报侵权盗版行为，本社将奖励举报有功人员，并保证举报人的信息不被泄露。

举报电话：（010）88254396；（010）88258888
传　　真：（010）88254397
E-mail：　dbqq@phei.com.cn
通信地址：北京市万寿路 173 信箱
　　　　　电子工业出版社总编办公室
邮　　编：100036